PRE-STEP
11

プレステップ

キャリアデザイン

〈第5版〉

岩井洋・奥村玲香・元根朋美/著

渡辺利夫/シリーズ監修

弘文堂

は じ め に

　この本では、**キャリア**（自分の生き方や働き方）について考え、計画することについて学びます。そして、**自分を知る**（自己分析・自己理解）、**他人を知る**（他者理解とコミュニケーション）、**社会を知る**（現代社会に対する理解）の３つをキーワードに授業を展開します。まずキャリアについて考えるためには、自分について知る必要があります。そして、社会で生きていくためには、他者を理解するとともに、円滑なコミュニケーションを心がける必要があります。さらに、自分がどのような時代や社会に生きているのかを認識することも重要です。2020 年、私たちは新型コロナウィルスの世界的大流行を経験しました。そして、この予測困難な出来事に遭遇し、社会の動きをしっかりと見つめることの大切さを痛感しました。

　キャリアという言葉は、一般に「就職」という言葉と結びつけて考えられがちです。しかし、この本のおもな目的は、就職活動の準備やテクニックを学ぶことではありません。もちろん、ここで学んだ内容は就職活動にも役立つものですが、この本が、広い意味での生き方や働き方について考える契機になればと思います。

　キャリアについて考えることは、他の教養科目や専門科目の内容とも無関係ではありません。さまざまな授業で学んだ知識やスキルは、キャリアについて考えるときにも役立ちます。さまざまな授業とキャリアデザインを結びつける発想をもちましょう。

　この本では座学だけではなく、皆さんが主体的・積極的に学ぶ**アクティブ・ラーニング**の手法を取り入れ、楽しく学べるように工夫しました。巻末に用意したワークシートも、有効にご活用ください。

著者を代表して　岩井　洋

岩井洋・奥村玲香・元根朋美 著
『プレステップ キャリアデザイン』〈第5版〉

● 目 次

はじめに
本書の使い方　7

第1章 ● キャリアデザインってなんだろう？ イントロダクション……………8
　　　Study01-1　世界一の長寿国でどう生きるか？　10
　　　Study01-2　バブル経済崩壊後の生き方　11
　　　Study01-3　自分を知る・他人を知る・社会を知る　11
　　　Study01-4　99.7％と「七五三」現象　12

第2章 ● あなたの金銭感覚は？ 現代社会の理解(1)………………14
　　　Study02-1　大学生活に必要なお金を知る　18
　　　Study02-2　職種や地域で異なる時給　19
　　　Study02-3　労働時間には基準がある　21
　　　Think　授業時間と空き時間との関係　23

第3章 ● 生涯にいくら稼げるの？ 現代社会の理解(2)………………24
　　　Study03-1　一生でいくら稼げるの？　27
　　　Study03-2　そんなに収入が違うのはなぜ？　27
　　　Study03-3　同じ休みでも違うのはなぜ？　28
　　　Study03-4　年金について知ろう　30
　　　Study03-5　老後に必要なお金はいくら？　31
　　　Think　欲しいものは手に入る？　33

第4章 ● コンビニ弁当から職業を考える 多様な職業(1)………………34
　　　Study04-1　さまざまな発想法・思考法①　ブレインストーミング　36
　　　Study04-2　職種と業種　37
　　　Study04-3　さまざまな発想法・思考法②　KJ法　42
　　　Think　活かしあう関係に気づこう　43

第5章 ● 社会の流れを知ろう 現代社会の理解(3)………………44
　　　Study05-1　経済成長率から社会の流れを見る　45
　　　Study05-2　日本の人口ピラミッド　46
　　　Study05-3　少子高齢化について考える　48
　　　Study05-4　日本的経営と成果主義　51
　　　Think　これから注目される仕事は？　51

第6章 ● AIと仕事の未来　現代社会の理解（4）⋯⋯⋯⋯⋯⋯⋯⋯⋯52

Study06-1　技術的失業　54
Study06-2　AIで消える仕事、生き残る仕事　54
Study06-3　あらたな仕事が生まれる可能性　55
Study06-4　独学力と「まなびほぐし」　57

第7章 ● 社会で求められている人材とは?　求められる人材⋯⋯⋯⋯⋯⋯58

Study07-1　企業と大学生の認識のギャップ　60
Study07-2　企業が重視する能力とは　61
Study07-3　社会人基礎力とは　63

第8章 ● コミュニケーションするってなに？　人間関係づくり⋯⋯⋯⋯⋯⋯65

Study08-1　正確に伝えることのむずかしさ　67
Study08-2　「聞く」と「聴く」のちがいを知ろう　69
Study08-3　ホウレンソウのできる人になろう　69
Study08-4　エドワード・ホールのパーソナルスペース　70
Study08-5　あいさつのパワー　71
Think　いつも相手を意識しよう　72

第9章 ● 自分を発見しよう　自己分析（1）⋯⋯⋯⋯⋯⋯⋯⋯⋯⋯⋯⋯⋯73

Study09-1　目の情報は絶対？　75
Study09-2　「ムイシキ」を「ニンシキ」に変えよう　76
Study09-3　マインドマップで情報を広げよう　77
Study09-4　Openな自分を拡大しよう　79
Think　ほめる達人になろう　80

第10章 ● 自分を売り込もう　自己PR（1）⋯⋯⋯⋯⋯⋯⋯⋯⋯⋯⋯⋯81

Study10-1　さまざまな視点で見てみよう　82
Study10-2　言葉はマジック　84
Study10-3　ピンチはチャンス　85
Study10-4　「あれもこれも」と欲ばらない　85
Think　敵を知る、己を知る　86

第11章 ● **自分がどう見られているか考えよう** 自己PR(2)‥‥‥‥‥87
　　　Study11-1　自分を上手にアピールしよう　　88
　　　Study11-2　話をするときの3つのステップ　　92
　　　Study11-3　非言語コミュニケーション　　93
　　　Study11-4　身だしなみのTPO　　94
　　　Study11-5　メラビアンの法則　　95
　　　 Think 　日頃から意識しよう　　96

第12章 ● **自分のPOPを作ろう** 自己分析(2)‥‥‥‥‥97
　　　Study12-1　自分の特長を知ろう　　98
　　　Study12-2　テクニカルライティング　　102
　　　 Think 　好きなことを「力」にしよう　　103

第13章 ● **あこがれの人に学ぶ** 多様な職業(2)‥‥‥‥‥104
　　　Study13-1　あこがれの人から学ぶ　　105
　　　Study13-2　才能はいつ花開く？　　107

第14章 ● **未来予想図を作ろう** ライフプランニング‥‥‥‥‥110
　　　Study14-1　逆算思考で考えよう　　112
　　　Study14-2　みんなに平等な24時間　　113
　　　Study14-3　時間管理のできる人　　113
　　　Study14-4　今日の時間は未来のために　　114
　　　Study14-5　MustとWantを整理しよう　　116
　　　Study14-6　時間銀行　　117
　　　Study14-7　自分時間と相手時間を大切に　　118
　　　 Think 　人生は1分1秒の積み重ね　　118

第15章 ● **あなたにとってのキャリアデザインとは?** まとめ‥‥‥‥‥119
　　　Study15-1　コミュニケーション能力の大切さ　　120
　　　Study15-2　準備する心　　121
　　　Study15-3　発想法・思考法をうまく活用しよう　　122
　　　 Think 　あなたにとってのキャリアデザインとは？　　124

索引　125
Warm-UpとWork一覧　126
ワークシート　129

●コラム一覧 　　　意外とかかる就活費用　　18

有名人のお金　　29

団塊の世代と 2007 年問題　　47

ひのえうま　　49

バブル経済　　50

口は 1 つで、耳は 2 つなのはどうして？　　69

コミュニケーションの語源　　70

型破りな人間になるには　　109

本 書 の 使 い 方

この章のねらい	各章のはじめに、この章で学ぶ主なテーマを列挙します。
Warm-Up	各章の本題に入る前に、簡単な頭の柔軟体操をしてみましょう。
Work	演習（アクティブ・ラーニング）の課題です。先生の指示でやってみましょう。
Study	各章で学んでほしいポイントや、Work について解説しています。よく読んで理解してください。
Think	各章で学んだ内容について、さらに深く考えてみましょう。
ワークシート	Work に使うシートです。実際に書き込んで提出するためのシートは巻末にあります。弘文堂のウェブサイトからもダウンロードできます。https://www.koubundou.co.jp/files/00154_worksheet.pdf
アクティビティ・カード	Work をする際に使う材料です。先生から配布されます。
さらに学びたい人のために	各章のテーマをより深く理解するための情報です。ぜひ参考にしてください。
column（コラム）	気分転換に読んでみてください。
はみだしコラム	皆さんに読んでいただきたい人生の先輩の言葉を集めました。

ご採用の先生方へ　　本書をテキストとして採用いただいた場合は指導案をお送りいたします。
　　　　　　　　　　ご希望の場合は弊社にご連絡ください。
　　　　　　　　　　〒101-0062　東京都千代田区神田駿河台 1-7　（株）弘文堂編集部　プレステップキャリアデザイン担当
　　　　　　　　　　TEL　03-3294-7003　　メール　info@koubundou.co.jp

第1章 キャリアデザインって なんだろう？

——イントロダクション

この章のねらい

● この授業に出ている学生たちと仲間になる。
● この授業の進め方について理解する。
● 「キャリアデザイン」という言葉の意味について理解する。

> いよいよキャリアデザインの授業がはじまりましたね。
> まず、この授業の進め方を確認するとともに、「キャリア
> デザイン」という言葉の意味について考えてみましょう。

　皆さんは、キャリアという言葉を聞いて何をイメージしますか。大学には、就職活動をサポートする窓口がありますが、その多くが「キャリアセンター」と呼ばれています。そのため、「キャリア＝就職」と考える人も多いでしょう。しかし、就職することが、そのままキャリアを意味するわけではありません。むしろ、就職はキャリアの入口にすぎないといってもよいでしょう。キャリアやキャリアデザインという言葉の意味については、このあとすぐに学びますが、ひとまずキャリアは「生き方や働き方」に関係する事柄であると理解しておきましょう。

　さて、大学生が生き方や働き方について学ぶ意味や意義は何でしょうか。大学を卒業し、社会に出て、充実した人生を楽しむためには、それなりの心と体の準備が必要です。その準備のなかには、何らかの職を得るための準備も含まれています。そうなると、働くことや生活することについても考えなければなりません。もちろん、大学は就職のための予備校ではありませんし、就職活動のためのテクニックを学ぶための場でもありません。しかし、何事も準備をしておくことで、状況の変化や不測の事態にも対応できます。それでは授業をはじめましょう。

Warm-Up 01　　ア行（母音）トーク

①出身地（都道府県名）、生まれた月日、趣味をひらがなで書いてください。

②記述例を参考にして、ひらがなで書いた自分の出身地、生まれた月日、趣味の下に、ア行（ア、イ、ウ、エ、オ）に置き換えて書いてください。

③2人一組になって、AさんとBさんを決め、AさんからBさんに自分の出身地をア行で伝えてください。

④次に、自分の生まれた月日をア行で伝えてください。

⑤最後に、自分の趣味をア行で伝えてください。

⑥2分が経過したら終了です。AさんはBさんと役割を交代し、③～⑤を繰り返してください。

⑦また、2分が経過したら終了します。

〈例〉とうきょうと　　にがつみっか　　　ぎたー
　　　　↓　　　　　　　　↓　　　　　　　↓
　　オウイオウオ　　イアウイウア　　　イアー

出身地（都道府県）（	）
⇒ア行　　　　　　（	）
生まれた月日　　　（	）
⇒ア行　　　　　　（	）
趣　　味　　　　　（	）
⇒ア行　　　　　　（	）

振り返ってみよう

●メッセージをうまく共有する条件は何でしょうか？

アアアア
（神奈川）

　キャリアデザインとは、長い人生における自分の生き方や働き方について考え、計画を立てることです。キャリア（career）は、経歴、生き方や人生そのものをさしますが、その語源はラテン語で「道」や「轍」を意味する「カラリア」（carraria）です。轍は、車が通ってできた車輪のあとのことですから、キャリアは、私たちが生きていく、あるいはこれまで生きてきた道筋ということになります。

　では、どのようにして、長い人生についての計画を立てればよいのでしょうか。現在、日本人の平均寿命は、男性 81.41 歳、女性 87.45 歳です（厚生労働省、2019 年）。国際比較では、男性が第 3 位、女性が第 2 位の長寿国になりました。このような状況のなかで、大学生の皆さんが、80 歳の自分をイメージして人生設計をするのは、あまり現実的ではないでしょう。せいぜい、60 歳の時（一般に定年退職年齢）に、自分が何をしているのか、あるいは何をしていたいかを想像する程度でしょう。しかし、60 歳の自分を想像するためには、そこに至る職業についても想像する必要があります。つまり、就職してどう働くか、ということです。そうなると、皆さんにも少しはリアリティがわいてくると思います。

日本人男性の平均寿命	81.41 歳	（世界第 3 位）
日本人女性の平均寿命	87.45 歳	（世界第 2 位）
	（厚生労働省　2019 年）	

  あなたの人生はあなたの思いどおりに変えられます。なぜならあなた自身によってデザインされるのがあなたの人生だからです。
（啓蒙家　ジョセフ・マーフィー）

Study●01-2　バブル経済崩壊後の生き方

● Keyword ●
バブル経済の崩壊
終身雇用
自分を知る
他人を知る
社会を知る

バブル経済については
⇨ p. 98

　さて、バブル経済の崩壊（1990年代初頭）以降、そして現在、終身雇用（定年まで雇用を保障するしくみや考え）を維持することが、ますます困難になりつつあります。つまり、定年までに（起業を含めて）いくつかの会社を経験するのが当たり前だということです。そうなると、職業について考えることの重要性が理解できます。最初に書いたように、キャリアデザインは、長い人生全体を視野に入れたものですが、皆さんにとっては、その入口として、まず就職について考える必要があります。

　終身雇用が望めないとすれば、必然的に、皆さんはさまざまな会社や職業を経験することになります。このこと自体は、必ずしも悪いことではありません。むしろ、その経験の幅と深さが、人生の幅や深さにつながるともいえます。そう考えると、経験の幅や深さを、いかに実り豊かなものにしていくか、ということが重要になってきます。

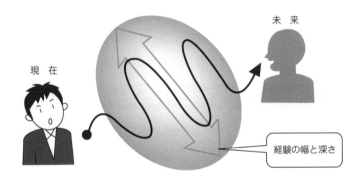

現　在　　　　未　来
経験の幅と深さ

Study●01-3　自分を知る・他人を知る・社会を知る

　この本では、就職をきっかけにしてキャリアデザインについて学ぶことを目的としています。キャリアデザインの基本は、「自分を知る（自己分析）」「他人を知る（他者理解）」「社会を知る（現代社会の理解）」の3つのキーワードにまとめることができます。

　まず、職業をはじめとして、生き方全般について考えるためには、自分がどういう人間なのかについて知る必要があります。自己分析なくして、職業の選択はありませんし、就職活動で作成するエントリーシートも、自己分析にもとづかなければ意味がありません。ただし、自己分析に没頭するあまり、自己分析だけで疲れ果てる「自己分析疲れ」も考えものです。自己分析については、第9章と第12章で学びます。

　私は自らの運命の師であり、私は自らの魂の指揮官なのだ。（詩人　ウィリアム・アーネスト・ヘンリー）

● Keyword ●

異文化理解
少子高齢化
就職超氷河期
七五三

さて、自己分析は一人でやるものだと考えられがちです。しかし、自分のことを友人に話し、また友人の話に耳を傾けるというコミュニケーションを通して、自分に対する理解と友人に対する理解が深まります。これについては、第9章でふれられています。また、社会で生きていく以上、知人であれ初対面の人であれ、円滑なコミュニケーションをとる必要があります。他者理解やコミュニケーションについては、随所でグループワークを通して学んでいきます。この本では扱えませんでしたが、異文化理解も重要です。旅行や仕事だけではなく、私たちが異文化に接する機会が多くなっています。その意味で、異文化理解も「他人を知る」ためのキーワードに加えておくべきでしょう。

　自分と他者を知ることに加えて、現代社会の動きについて知ることも必要です。たとえば、少子高齢化や東日本大震災（2011年3月11日）の社会への影響などは、私たちの生き方と無関係ではありません。また、国内の情勢だけではなく、海外の情勢も、私たちの生活に大きな関わりをもちます。国内外の情勢だけではなく、過去数十年の歴史を含めた、広い意味での現代社会の動向について知ることは、職業選択や生き方にとって重要です。「社会を知る」というテーマについては、第2、3章と第5、6章で学びます。

Study●01-4　99.7%と「七五三」現象

　最後に、就職の現実についてふれておきます。厚生労働省と文部科学省が発表した、2020年春卒業の大学生の就職内定率（2020年4月1日現在）は、98.0%でした。2008年のリーマンショック以降、2011年を下限として就職超氷河期が続いていましたが、2015年以降、90%台後半の高い水準を維持しています。大学生の就職が好調とはいえ、大企業や有名企業と呼ばれる企業への就職は厳しい状況ですが、中小企業の求人がないわけではありません。ちなみに、日本の企業における中小企業の割合はどれくらいでしょうか。実は、99.7%です。つまり、中小企業が日本の産業を支えているということになります。

　もうひとつ重要なことは、就職後3年間の離職率です。七五三といわれ、中卒7割、高卒5割、大卒3割が、就職後3年で離職しています。大卒の場合、現実には3割をこえると考えられます。就職内定率が低い上に、せっかく就職しても3年でやめる人が3割もいることは大問題です。しかも、離職者が正規雇用の職についている率は不明です。ただし、就職後4年までにな

人生における最大の失敗は、失敗を恐れ続けることである。　　　（教育家　エルバート・ハバード）

ると、その後も勤め続ける率が高くなるようです。したがって、就職後 3 年がひとつの分かれ目となります。このことは、ぜひ知っておいてください。

就職（内定）率の推移（大学）

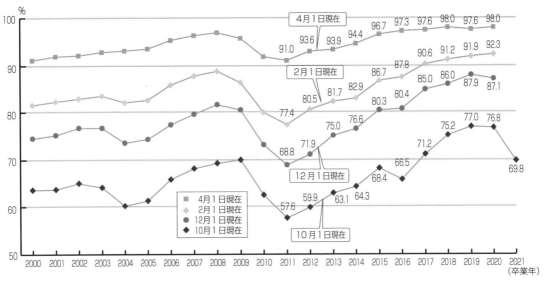

出典：厚生労働省・文部科学省「大学等卒業予定者の就職内定状況調査」

日本の企業における中小企業の割合

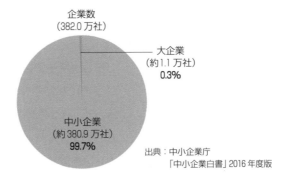

出典：中小企業庁
「中小企業白書」2016 年度版

振り返ってみよう

● 「キャリアデザイン」とは何かについて、もういちど確認しよう。
● この章で学んだことを確認しよう。

できることから始めなさい。まず、第一歩から始めなさい。いつも必ずこれ以上できないという限界があります。あまり多くやろうとすると、何事もなし得ないでしょう。　（思想家　ウスペンスキー＆グルジェフ）

第2章 あなたの金銭感覚は？

──現代社会の理解⑴

この章のねらい

●自分の生活に必要なお金を知る。
●お金に対する認識を深める。
●自分に対する投資額を知る。

これからの自分の人生をよりよくしていくために、人生と切り離すことのできないお金について考えましょう。

今日のあなたの持ち物には何がありますか？

かばんの中には、勉強道具、財布、携帯（スマホ）、ペットボトルなど、さまざまなものが入っていると思います。いま着ている服や靴、今日食べた食事、帰る家も含めて、それらはすべてお金と引き換えに得たものです。電気や水道などを含めた日常生活のすべてにおいて、お金は生きていく上で必要不可欠です。他にも、大学に通うには、授業料や教科書代、通学手段によっては交通費が必要ですし、クラブ活動費や交際費が必要となることもあるかもしれません。休みの日に遊ぶにも、卒業旅行をするにもお金が必要になります。

もし大学生のあなたがお金を得たいなら、アルバイトという手段があります。あなたはさまざまな目的や目標を持って、日々の時間を調整し、アルバイトをするでしょう。あなたがアルバイトをして得たお金は、得るときも使うときも、あなたにとって実感しやすいお金です。けれども、そのほかにも意識していないと気づきにくい、ついつい存在を忘れながら使っているお金もあります。

この章では、私たちが生きていくために、さまざまなところでお金が必要であることを知るとともに、アルバイトの収入やお小遣いについても考えます。私たちの生活とお金との関係について学びましょう。

Warm-Up 02 ビッグマックの値段を当てよう

　世界中で同じハンバーガーを提供するマクドナルドの「ビッグマック」の価格が、国ごとの購買力の水準を示すものであるというビッグマック指数は、イギリスの経済紙『エコノミスト』が考案したものです。

　ビッグマック1個の米国における値段は5.71ドル。日本では390円です。以下の表は、2020年7月15日のビッグマック指数を1ドル＝107.28円（2020年7月13日のレート）で計算したものです。各国でいくらで売られているのか考え、右から金額を選んで、左の表を完成させてみましょう。

日　本	390 円	スイス	円
アメリカ	613 円	メキシコ	円
イギリス	円	オーストラリア	円
中　国	円	タイ	円
韓　国	円	南アフリカ	円

190 円	239 円
332 円	402 円
438 円	459 円
491 円	741 円

振り返ってみよう

● 同じハンバーガーでもこれだけ値段が違うことをどう思いましたか？
● ハンバーガーの値段が高いということは、何を表しているのでしょうか？

Work●02-1 1ヶ月の支出はいくら？

　あなたは、1ヶ月過ごすのに、どれくらいのお金を使っているか、把握していますか？ 現在、どんな項目に、どれくらいのお金を使っているのか、1ヶ月分の支出を次頁の表に書き出してみましょう。

振り返ってみよう

● グループ内で、支出項目の違いや忘れている項目がないか確認しましょう。
● さらにそれぞれの項目にかかる金額の違いを互いに比べてみましょう。

支出項目	金額
合計	

Work●02-2 　1ヶ月に使うお金を確認してみよう

　上の表を参考にしながら、あなたが1ヶ月に使っているお金の詳細を**ワークシート02**に書き出してみましょう。空欄がある場合、抜け落ちている項目かもしれません。確認してみましょう。家族と住んでいる場合は、住居と光熱・水道費は参考支出額を書き入れましょう。

① **ワークシート02**で書き出した金額を合計して（A）欄に書き入れましょう。

　（A）欄の金額は、あなたが1ヶ月に必要なお金です。

② **ワークシート02**で書き出した自分にかかるお金は誰が負担しているのか、負担者欄に○をつけましょう。

振り返ってみよう

- 何項目くらいを自分で支払っていましたか？
- 保護者の負担はどのくらいありましたか？
- 参考支出額より多くお金を使っている項目はいくつありましたか？　（　　　　　）個
- 無駄遣いしている、節約できると思う項目はいくつありましたか？　（　　　　　）個
- いくらくらい節約できそうですか？　（　　　　　　　）円

16　知識に対する投資は、いつでも最高の利益を生み出す。　（政治家　ベンジャミン・フランクリン）

ワークシート●02 .... p. 131

支出項目		金額（円）	参考支出額	負担者	
				自分	親
住居（家賃と駐車場代）			52,820 円		
光熱・水道費	電気代		3,512 円		
	水道代		1,515 円		
	ガス代		2,140 円		
通信・交通費	スマホなど		5,707 円		
	ネット通信費		2,255 円		
	通学費		5,375 円		
食費			23,716 円		
家具・家事用品					
被服・履物費					
医療・保険費			3,225 円		
修学費（授業料除く）			3,850 円		
課外活動費			3,391 円		
娯楽・嗜好品			13,075 円		
美容費					
その他の日常費			13,366 円		
就職活動費					
合計（A）			185,083 円		

注）参考支出額は学生の一人暮らしに必要なおおよその金額。
出典：独立行政法人日本学生支援機構『平成 30 年度学生生活調査結果』「居住形態別・収入平均額
及び学生生活費の内訳（大学昼間部）」データを 12 等分にして算出。
住居費）株式会社エイブル「大学生の生活費の目安と内訳」より。
通信費）統計局「家計消費状況調査」令和元年より。
光熱・水道費）総務省統計局「家計調査」2019 年（令和元年）平均、34 歳以下単身世帯より。

Work●02-3　自分にかかる 4 年間のお金を知ろう

　ワークシート 02 で、1ヶ月に必要なお金について考えてみました。次に、あなたの大学生活の 4 年間には、どのくらいのお金が必要になるのかを計算してみましょう。

　ワークシート 02 で算出した合計金額「（A）欄」の金額を 48 倍し、大学生活の 4 年間で必要な費用を把握してみましょう。

ワークシート 02 の合計金額	×12ヶ月×4 年＝	大学 4 年間にかかる費用
(A)	×48＝	(B)

振り返ってみよう

●大学 4 年間にかかる費用（B）を計算した結果をみて、どのように感じましたか？
　周りと話し合ってみましょう。

まず事実をつかめ、それから思うままに曲解せよ。　　　　　　（作家　マーク・トゥエーン）

　　　　大学生活には授業料などの教育費の他に、生活費も必要です。高校入学から大学を卒業するまでに必要なお金は、公立高校と私立高校、国立大学と私立大学、文系と理系、自宅通学と自宅外通学（下宿）ではそれぞれ差がありますが、平均で約965万円です。また、自宅外通学者（下宿生）の場合、平均で年間149.3万円の仕送り額が必要となります。公立高校・国立大学で自宅通学の場合の費用が一番安く、私立高校・私立大学（医歯系学部）で下宿の場合は約4500万円かかる場合もあり、その差は大きく開いています。

Work●02-4 あなたの収入は？

　Work 02-3までは、あなたが生活するのに必要な「支払われるお金」（支出）について考えてきました。ここでは、あなたに「入ってくるお金」（収入）について考えを深めましょう。

　収入（金）額欄にそれぞれの項目ごとに書き入れ、合計金額を計算し（C）欄に書き入れましょう。

1ヶ月の収入	収入（金）額	時　給
お小遣い		
アルバイト		(D)
その他		
合　計	(C)	

注）アルバイトをしていない人は、次頁の「地域別職種別平均時給表」を参考に（D）欄を記入しましょう。
　　複数のアルバイトをしている場合は、平均の時給を（D）欄に記入しましょう。

column

意外とかかる就活費用

　　　　就職活動を始めると、初期費用と活動費用が必要となってきます。初期費用にはリクルートスーツや就職活動用のかばん、靴などが該当します。活動費用には履歴書用紙や履歴書に添付用の写真代、切手代や電話代などの通信費や交通費などが該当します。これらを合わせた就活費用の平均はおよそ16万円になります。また、活動費用には地域差や志望職種などによる差もあります。遠方で開催される企業説明会への参加など移動距離が長い場合は、宿泊費や交通費、食費の負担も増えます。なかには42万円以上かかった学生もいます。他にも、就きたい職業を目指すために予備校へ通う学生の場合、その費用も必要となってきます。

　昨日から学び、今日のために生きて、明日に希望を持つ。大切なのは、疑問を持つのをやめないことだ。
（理論物理学者　アルバート・アインシュタイン）

Study●02-2 職種や地域で異なる時給

● Keyword ●

アルバイト
最低賃金

アルバイトの全国平均時給は 1,088 円です（2020 年 10 月現在）。

あなたが今働いているアルバイトの時給と比べて高いと感じましたか。それとも低いと感じましたか。一言で平均といっても、アルバイトの時給には、職種による違いや地域による違いがあります（表 1）。たとえば、薬剤師や看護師などの専門的な知識や資格を要するアルバイトの場合は時給が高く、専門的な知識や資格を要しない飲食店のアルバイトの場合は時給が低い傾向にあります。他にも地域による差もあります。

表 1　地域別職種別平均時給表

	北海道	東北	北関東	首都圏	甲信越・北陸	東海	関西	中国・四国	九州	全国
専門職系	1,040	1,107	1,099	1,224	1,050	1,114	1,202	1,038	1,069	1,172
事務系	1,121	1,088	963	1,184	1,004	1,012	1,128	1,031	1,051	1,118
販売・サービス系	928	927	968	1,104	959	985	1,037	933	924	1,017
フード系	902	884	934	1,080	940	968	997	919	889	982
営業系	1,262	1,130	–	1,360	–	1,182	1,369	1,236	1,073	1,283
製造・物流・清掃系	951	938	970	1,132	968	1,008	1,052	956	927	1,050
全体	989	972	971	1,136	963	1,003	1,066	951	941	1,049

出典：リクルートジョブズ「アルバイト・パート募集時平均時給調査」（2020 年 10 月度）

厚生労働省が発表している「各都道府県の地域別最低賃金額」（表 2）で全国の最低賃金を比較すると、最低賃金が最も高いのは東京都の 1,013 円で、2 位：神奈川（1,012 円）、3 位：大阪（964 円）、4 位：埼玉（928 円）、愛知（927 円）と都市部の都道府県が上位を占めています。一方、最低賃金の最安値は 792 円で、秋田、鳥取、島根、高知、佐賀、大分、沖縄と地方部の県が該当しています。この地域差の理由は、最低賃金が地域の物価を反映して定められているためです。

人間、志を立てるのに遅すぎるということはない。　　　　　（政治家　スタンリー・ボールドウィン）

表2　各都道府県の地域別最低賃金額

都道府県名	最低賃金時間額(円)	都道府県名	最低賃金時間額(円)	都道府県名	最低賃金時間額(円)	都道府県名	最低賃金時間額(円)
北海道	861	東京	1,013	滋賀	868	香川	820
青森	793	神奈川	1,012	京都	909	愛媛	793
岩手	793	新潟	831	大阪	964	高知	792
宮城	825	富山	849	兵庫	900	福岡	842
秋田	792	石川	833	奈良	838	佐賀	792
山形	793	福井	830	和歌山	831	長崎	793
福島	800	山梨	838	鳥取	792	熊本	793
茨	851	長野	849	島根	792	大分	792
栃木	854	岐阜	852	岡山	834	宮崎	793
群馬	837	静岡	885	広島	871	鹿児島	793
埼玉	928	愛知	927	山口	829	沖縄	792
千葉	925	三重	874	徳島	796	全国平均	902

出典：厚生労働省「令和2年度地域別最低賃金改定状況」（令和2年11月22日現在）

振り返ってみよう

- 賃金が一番高い都道府県に○をつけましょう。
- 賃金が一番低い都道府県に○をつけましょう。
- あなたが住んでいる地域に○をつけ、比較してみましょう。

Work●02-5　アルバイトで生活してみる

　あなたは1ヶ月のうち、どのくらいの時間アルバイトをしていますか？
　もし、アルバイトだけで生活しようとすれば、1ヶ月で何時間働く必要があるでしょうか。
　ワークシート02の(A)欄で算出した、あなたが1ヶ月に必要とする費用を**Work02-4**(D)欄の
アルバイトの時給で割り、あなたが1ヶ月生活するのに必要な労働時間数を計算してみましょう。
　アルバイトをしていない場合は、あなたの地域の最低賃金もしくはあなたの地域の職種別
賃金を参考にして計算してみましょう。

1ヶ月にかかる費用	÷	アルバイトの時給	=	必要な労働時間
(A)　　　　　　　円	÷	(D)　　　　　　　円	=	時間

振り返ってみよう

- 周りの人と労働時間を比べてみましょう。
- 1週間168時間のうち、何時間働く必要がありましたか？
- 1日24時間のうち、何時間働く必要がありましたか？
- 法定労働基準（1週間に40時間、1日8時間）は超えていませんか？
- 生活するには自分が思っている以上に多くの労働時間と労働力を費していることに気づきましたか？

 　何事も一心不乱にやれば宇宙の真理を体で感じとることができる。　　　　　　（道元）

Study●02-3　労働時間には基準がある

● Keyword ●
労働基準法
法定労働時間

　日本では、働く人の労働条件の最低基準が労働基準法で定められています。労働基準法は、正社員だけではなくアルバイトなども含めた「働く人」を使用するすべての事業所に適用されます。

　労働基準法では法定労働時間も定められていて、使用者は 1 週間に 40 時間、1 日 8 時間を超えて労働者を働かせてはいけないとされています。

　もし、労働者が法定労働時間を超えて働かなければならないときは、使用者は「36 協定（サブロク協定）」とよばれる書面による協定を労働基準監督署に届ける必要があります。

Work●02-6　あなたへの投資額

①1 科目あたりの値段はいくら？

　あなたは、大学で学ぶために授業料を支払い、学習をしています。では、あなたが 1 年間に履修している科目 1 科目あたりの値段はいくらになるでしょうか？　年間授業料を 1 年間に受講している履修科目数で割って計算しましょう。

　年間授業料がわからない場合は、平均額を参考に計算してみましょう。

平均額

授業料平均	金額
国立大	53 万円
私立大文系	79 万円
私立大理系	111 万円
私立大医歯系	287 万円

年間授業料	÷	年間履修科目数	=	1 科目あたりの値段
(E)	÷		=	(F)

②1 コマあたりの授業料はいくら？

　半期開講の科目は、1 コマ（90 分）×15 回行われます。1 科目あたりの値段を授業回数で割って計算しましょう。

1 科目あたりの値段	÷	半期の授業回数	=	1 コマあたりの授業料
(F)	÷	15	=	(G)

　今、あなたが受講しているこの時間は、この講義を受講する対価としてのお金（G）を支払うことにより成り立っています。

誰の心の中にももっとも深く根ざしている願望は、自分の本当の価値を認めてもらいたいということです。
他人の価値を認めなさい。そうすればあなたも認めてもらえます。　（啓蒙家　ジョセフ・マーフィー）

③１コマあたりの授業料は何時間アルバイトをするのと同じ金額ですか？

もし、授業よりアルバイトを優先した場合、どの位の時間働けば授業料の元をとれるでしょうか？１コマあたりの授業料をアルバイトの時給で割って、労働時間を算出しましょう。（小数点以下は切り捨て）

アルバイトをしていない場合は、あなたの地域の最低賃金もしくはあなたの地域の職種別賃金を参考にして比較してみましょう。

②で計算した１コマあたりの授業料（G）を（G）欄に、**Work02-4** で記入したアルバイトの時給（D）を（D）欄に書き写しましょう。

１コマあたり授業料		アルバイトの時給		
(G)		(D)		
１コマの授業料を支払うのに必要なアルバイトの労働時間				
(G)	÷	(D)	=	時間
比較した結果、感じたことや思ったこと、考えたことを書きましょう。				

振り返ってみよう

- あなたの受講している１コマの授業料を支払うのに、あなたは何時間働く必要がありましたか？
- アルバイトのために授業をサボった場合、お金を得たような気分になりますが、実際は大赤字です。夜遅くまでアルバイトをして授業中に眠ってしまうことも「お金」の価値からみるだけでもモッタイナイ！ 学生生活も授業とアルバイトのバランスを考えて黒字収支を目指しましょう。

うまくいかなかった日は、寝る前に自問する。今ここで何かできることがあるのか、と。なければぐっすり寝る。 （元クライスラー社長　レスター・ラム・コルベルト）

Think

2単位の授業を履修した
場合に必要な学修時間数

授業時間と空き時間との関係

　大学における単位の認定には、実際に大学で学ぶ時間以外に自習する時間も含まれています。たとえば、半期開講で2単位取得できる講義を履修した場合、15回の授業と授業以外に60時間の自習をしたとみなした上で単位が認定される仕組みになっています。

　この時間は、日本の大学が守るべきルールのひとつである「大学設置基準」で、「一単位の授業科目を45時間の学修を必要とする内容をもって構成する」と定められていることによっています。つまり、2単位の授業の場合は45時間（1単位）×2＝90時間の学修内容が必要となります。ただし、90分の授業は通常2時間として計算されているので、90時間から授業時間（2時間×15回＝30時間）を引いた60時間が授業以外に自習をする時間となります。

　皆さんには授業の予習復習やレポートの作成、試験勉強など、授業以外にも勉強しなければならない機会があると思いますが、これも単位の認定のために必要な60時間の一部なのです。

　では、履修登録をする科目数が減り、授業数が少なくなると、勉強する時間は少なくてすむのでしょうか？

　1年生や2年生は、年間履修登録単位上限の40〜50単位の範囲内で20科目程度を履修しますが、3年生や4年生になると履修登録科目数が減少していきます。履修登録科目数が減ると試験科目なども減るので、3、4年生になると勉強が楽になると感じるかもしれません。しかし実際は、ゼミナールを筆頭に、授業時間以外にレポートの作成や卒業論文の執筆など、自分で考え創造する時間が必要となります。単に「履修登録科目数が少ない＝楽、アルバイトができる」のではなく、空いた時間は自分の頭や身体全体を使い、考える力や創造する力などを伸ばし、身につける貴重な時間であることに気づきましょう。

**さらに
学びたい人のために
役に立つ情報**

家計簿アプリ「Zaim」

レシートを撮影するだけで家計簿の記録ができるグーグルのアプリ。毎月の収支を把握することはお金を管理するための第一歩。頭の中のどんぶり勘定ではなく、目標に向けて計画だった貯金をする習慣をつけるためにも、まずは出費を可視化しよう。
https://play.google.com/store/apps/details?id=net.zaim.android

　どんな馬鹿げた考えでも、行動を起こさないと世界は変わらない。　　　（映画監督　マイケル・ムーア）

第3章 生涯にいくら稼げるの？

──現代社会の理解(2)

この章のねらい

●社会の生活に関わるお金について理解を深める。
●働く形態の違いを認識する。
●自分の望む未来を過ごすために必要なお金を認識する。

第2章では自分の生活に必要なお金について考えました。
ここでは充実した人生をおくるために必要なマネープラン
について考えましょう。

あなたは大学を卒業後、どんな生活を想像していますか？

会社員として働いていると思いますか。それとも起業して社長になっていますか。どのような生活を送りたいと思っていますか。休日に趣味を楽しむ生活ですか。それとも資格取得など勉強に打ち込む生活ですか。

他にもどのようなかなえたい夢がありますか。マイホームを建てたい。子だくさんの家庭をつくりたい。プロスポーツ団体のオーナーになりたい。宇宙に行きたいなど、さまざまな夢があると思います。

あなたの想像する生活や、あなたが送りたい生活、あなたがかなえたい夢を実現させるには気持ちや努力だけでなく、投資が必要になるかもしれませんし、大きな買い物をすることがあるかもしれません。

この章では、あなたが望む卒業後の生活に関連するお金について学びましょう。

Warm-Up 03　　宝くじよりスゴイ！　幸運のチケット

　1つだけ、何でも夢をかなえられる「幸運のチケット」が手に入るとしたら、あなたは何を買いますか？

何を買う？（もの、体験？）	実現するためにかかる値段は？ 円

振り返ってみよう

● 実現するためにかかるお金を稼ぐには、どのくらいの時間がかかりますか？

● もう1枚、このチケットが手に入ったら、次は何をしたいですか？

ヒント

宇宙旅行（約5分間宇宙に滞在）	約2595万円
オーストラリアのオルフェス島	約120億円
三重県の丸島	2200万円
自家用ヘリコプター	約6000万円
等身大銅像	約600万円
電気自動車	約330万円
自動車教習所費用	約30万円
ハワイ旅行（GW6日間）	約38万円

（2020年11月現在）

Work●03-1　　人生で買いたいものにはいくらかかる？

　あなたが人生の中で買いたいものには何がありますか？　買いたいものとその値段を書き出してみましょう。

買いたいもの	値段
〈例〉郊外の新築4LDKの家	3230万円
合　　計	(A)

振り返ってみよう

● 書き終わったら、すべての値段を合計してみましょう。

● 周囲の人と比べてみましょう。

● 周囲の人はどのようなものを買いたいと思っていましたか？

● あなたの買いたいものの合計金額とどのくらいの違いがありましたか？

Work●03-2　これは何のお金？

　以下の Q1〜6 の数字は何を表していると思いますか。下のキーワード欄にある言葉を組み合わせて、それぞれの数字の意味を考えてみましょう。同じ言葉を何回使っても構いません。

ワークシート●03 ……………………………………………………………………………………… p. 133

Q1：21 万 0200 円：16 万 7400 円／月

　（　　　　　　　　）と（　　　　　　　　　　　）の初任給の平均金額

Q2：3 年で 5 割：3 割（12 ページを復習しよう）

　就職後 3 年間の（　　　　　　　）（　　　　　対　　　　　　）

Q3：3 億 2810 万円と 5589 万円（何の金額の比較？　対象は何と何？）

Q4：2 億 2070 万円と 3785 万円（誰がどのような選択をした時の何の金額の比較？）

Q5：855 万円と 2232 万円（何の金額の比較？　対象は何と何？）

Q6：22.1 万円／月／世帯（どのような世帯につき月々必要な何の金額？）

◆キーワード◆

大卒　高卒　男性　女性　初任給　生涯賃金　金額　独身　夫婦二人
四人家族　子育て世代　老後　最低限　標準　ゆとりある　離職率　内定率
平均　比較　差　正社員　非正規社員　フリーター　パート　大学　高校
幼稚園　全て　第一子出産後退職　育休2回取得　子が3歳まで時短勤務
教育費　生活費　国公立　私立（文系）　私立（理系）

(2020 年 11 月現在)

 人生は晩年の方が充実する。過去の失敗から知恵が、それまでの蓄積から先見力が生れるからだ。
（評論家　三鬼洋之助）

26

Study●03-1　一生でいくら稼げるの？

大卒男性の退職金を含む平均生涯賃金は3億2810万円です。

Work03-1で書き出した、一生涯で買いたいものをすべて買うことができるでしょうか。もし、何か急にお金が必要となった時に使えるお金の余裕はあるでしょうか。生活するための費用も確保できているでしょうか。

第4章で職種や業種について学びましたが、同じ大卒でも企業規模や職種によって収入の差がみられます。また、同じ業種でも、職種（総合職、事務職、販売職など）に加え、資格の有無によっても収入の差が生じます。

さらに、同じ職種でも業種が異なると収入の差が生じます。

業種・職種の違いによる給与の違い
例えば…

Study●03-2　そんなに収入が違うのはなぜ？

就職して3年で離職し、その後パートタイマーやアルバイトとなった場合の生涯賃金は5589万円です。この金額で、一生涯で買いたいものをどのくらい買うことができるでしょうか。

生涯賃金の差の理由には、ボーナス支給の有無や昇給額の差、退職金支給の有無の差などがあります。

正社員1年目の6月のボーナスは寸志程度なので、秋頃までは両者ともに収入に目立った違いがみられません。しかし、12月になると正社員にはボーナスが支給されます。また、翌年の4月になると、正社員は昇給します。この給与上昇は、一般的に加齢とともに賃金があがる形をとっています。正社員には昇格に伴う給与の大幅UPや役職手当の支給もあります。一方、非正規社員（フルタイムの派遣社員、契約社員など）は正社員とほぼ同様の仕事をしていてもボーナスや退職金はなく、昇給も見込めないため、生涯賃金は9071万円です。パートやアルバイトはさらに不安定で、時給も10円単位の増額交渉となります。したがって、年齢があがるとともに、正社員と非正社員（非正規社員とパート・アルバイト）との賃金格差は激しくなります。その結果、正社員とパート・アルバイトとでは、生涯賃金に2億3738万円の差が生まれるのです。この差は、人生の過ごし方に大きな違いを与えます。

やればできる。できないのはやらないからだ。　　　　　　　　　　（元三菱重工業社長　飯田庸太郎）

　Work03-2 Q4の質問で取り上げましたが、正社員と非正社員（非正規社員とパート・アルバイト）とで生涯賃金が異なるのはなぜでしょうか？

　正社員と非正社員の生涯賃金の違いをどう感じましたか？　下の表は、大卒男性正社員と非正社員の生涯賃金・年収・月収の比較表です。

	生涯賃金	年収	月収
大卒男性正社員平均	3億2810万円	約240万円 （新卒平均）	約21万円 （初任給平均）
非正規男性社員平均	1億0921万円	約226万円	約18.8万円
パート・アルバイト	5589万円	約145万円	時給により異なる

出典：労働政策研究・研修機構「ユースフル労働統計 2019 労働統計加工指標集」
　　　厚生労働省「平成 30 年　賃金構造基本統計調査結果」
　　　国税庁「令和元年分　民間給与実態統計調査－調査結果報告－」（令和 2 年 9 月）
注：長期で取り扱っているデータを参考にするために男性のデータで比較しています。

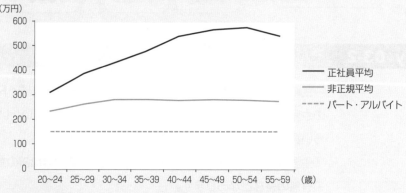

① 正社員の年収賃金グラフはどのような型になっていますか？
② 非正社員の年収賃金グラフはどのような型になっていますか？

　振り返ってみよう

●非正社員は収入額の変化がほとんどないことにも注目しましょう。

Study●03-3 　同じ休みでも違うのはなぜ？

● Keyword ●
年次有給休暇

　正社員の場合、日本では労働基準法（第 39 条）で労働者の権利として年次有給休暇制度があります。たとえば、会社で定められている休日以外に休暇を取得する場合、年次有給休暇制度を使用すると、その休暇時の労働が免

 労働なくしては、人生はことごとく腐ってしまう。　　　　　　（作家　アルベール・カミュ）

除されるだけでなく、賃金も支払われます。もちろん、事前、事後の仕事や関係する人たちへのフォローは必要ですが、休暇を取得しても給与は保障されています。一方、非正社員の場合、休暇を取得すると、その分の収入はありません。

column

有名人のお金

　毎年 12 月になると野球選手の年俸の話題がニュースを賑わしたり、3 月にアメリカの『フォーブス』誌（Forbes）による「世界長者番付」（The World's Billionaires）が発行されたりと、有名スポーツ選手や有名人の年俸や資産が公開されることがあります。

　『フォーブス』2020 年度版によると、世界で一番多い資産を持っているのは、3 年連続で首位を獲得したアマゾン・ドットコムのジェフ・ベゾスで、その資産額は 13.5 兆円です。2 位は 2016 年まで 24 年連続首位に君臨していたマイクロソフトのビル・ゲイツで、その資産額は 11.2 兆円。日本人 1 位は 2 年連続首位のファーストリテイリング会長兼社長の柳井正（約 2 兆 3870 億円）でした（世界 39 位）。また、最年少のビリオネア（1000 億円以上の資産を持っている人）として化粧品会社カイリー・コスメティクスの創業者でありモデルのカイリー・ジェンナー（22 歳）が名を連ねました。

　では、私たちが授業やレポート作成で使用するパソコンと縁が深い、マイクロソフト社のビル・ゲイツは毎日どのくらいのお金を手にしているのでしょうか？　ビル・ゲイツの 2019 年度の資産額は 10.7 兆円でしたので、彼の資産は 1 年間で 5000 億円増えています。これを 12 ヶ月で割ると、毎月約 416 億円の増額。さらに 30 日で割ると、毎日約 13 億円を手にしていることがわかります。

　他にも、スポーツ選手 1 位のロジャー・フェデラー（テニス）は約 114 億円。世界で活躍し、ギネス世界記録にプロ野球通算安打世界記録保持者として認定されているイチロー選手（2019 年 3 月に引退）の生涯年俸は約 187 億円です。「これぞアメリカンドリーム！」と言われたイチローの 2008 年の年俸は約 18 億円、これはその年のメジャーリーガー年収の第 4 位にランク付けされました。1996 年から 20 年以上も 1 億円を超える年俸を得続けている野球選手は多くありません。けれど、イチローは「努力せずに何かできるようになる人のことを『天才』というのなら、僕はそうじゃない。努力した結果、何かができるようになる人のことを『天才』というのなら、僕はそうだと思う。人が僕のことを、努力もせずに打てるんだと思うなら、それは間違いです」と言っています。

　一時的な増収を目指すならば、宝くじに当選すれば一晩で億万長者になれるかもしれません。けれども、そのお金は使ってしまえばなくなるでしょう。もし、継続して高収入を得続けようと思うのならば、日々の努力を大切にしましょう。その効果は、少し先の未来に必ず現れます。

 失敗を成功へと発展させよ。落胆と失敗とは、2 つのもっとも確かな、成功への踏み石だ。
（実業家　デール・カーネギー）

	正社員	非正社員
有給休暇制度	あり	なし
休むことによる給与	有給による保障あり	支払いなし

　たとえば、連続休暇取得制度を利用した正社員が3日間会社を休んだ場合、保障のある休暇扱いとなるため、生活基盤に揺らぎのない休みとなります。しかし、非正社員の場合は保障がないため、次回支払われる給与に影響を与え、休まなかった月と比べると3日分が無給となります。たとえば、日給6000円の場合は1万8000円のマイナスとなり、生活に大きな影響を与えてしまいます。時には体調を崩して休まざるを得ない時もあるかもしれません。そうしたとき、正社員は有給休暇制度などを利用することで、給与を心配することなく治療に専念することができます。

　総務省「家計調査年報」によると、1ヶ月で一家庭が使う食料や住居費などの平均生活費は約29万円/月です。収入から生活費を引いた残りで、学費や生命保険の掛け金などを支払います。したがって、最後に残ったお金が人生の＋αを彩る趣味や旅行、自分を磨く学習費などに使うことができる費用となります。プライベートも充実した働き方を実現させましょう。

Study●03-4　年金について知ろう

　日本の企業で働く人の多くは60歳で定年を迎えます。その後の収入は公的年金が中心となります。

　公的年金とは、国が運営する年金です。公的年金は「老齢」「障害」「死亡」のリスクに備えるものであり、国民年金・厚生年金・共済年金の3種類があります。国民年金（基礎年金）は日本国内に住む20歳から60歳未満のすべての人の加入を義務付けています。厚生年金は民間会社で働く会社員が加入する制度で、共済年金は公務員や私立学校の教職員が加入する制度です。厚生年金や共済年金の加入者は自動的に国民年金に加入していることになります。年金の受給開始年齢は、国民年金のみの場合65歳から、会社員など厚生年金に1年以上の加入経験がある場合は、年齢によって65歳より早い時期から特別支給の老齢厚生年金を受給することができます。しかし、老後に年金を手にするには、原則として25年以上国民年金に加入していることが必要となります。

　老後に手にすることができる年金の金額は、国民年金だけに加入していた場合は老齢基礎年金約6.5万円で、厚生年金に加入していた場合は老齢基

機会を待て。だがけっして時を待つな。　　　　　　　　（詩人　ヴィルヘルム・ミュラー）

礎年金と約 9.1 万円の老齢厚生年金を合算した約 15.6 万円になります。（いずれも 40 年間年金を納めた場合の令和 2 年度の金額。）

（参考）夫婦二人で妻が専業主婦の場合の年金受給額

	夫		妻	合計
国民年金だけに加入	老齢基礎年金 約 6.5 万円		老齢基礎年金 約 6.5 万円	約 13 万円
厚生年金に加入	老齢基礎年金 約 6.5 万円	老齢厚生年金 約 9.1 万円	老齢基礎年金 約 6.5 万円	約 22.1 万円

出典：厚生労働省「令和 2 年度の年金額改正について」（令和 2 年 1 月 24 日）より。

Study●03-5　老後に必要なお金はいくら？

　老後の暮らしにはどのくらいのお金がかかるでしょうか。

　令和元年の日本人の平均寿命は女性が 87.45 歳、男性が 81.41 歳です。60 歳で定年を迎えて、男女の平均寿命である 84 歳までの 24 年間を老後と考えると、夫婦二人暮らしの最低日常生活費の総計は 6364 万円、ゆとりのある生活を過ごすには 1 億 396 万円が必要です。

夫婦二人の場合の老後生活に必要な金額

老後の最低日常生活費 （月額）		老後のゆとりのための 上乗せ額（月額）		ゆとりある老後生活費 （月額）
22.1 万円	＋	14 万円	＝	36.1 万円

出典：生命保険文化センター「令和元年　生活保障に関する調査」より作成（小数点以下は四捨五入）

　もし、あなたが定年後、海外旅行や国内旅行をしたり、趣味を充実させたりしたいと願っているならば、ゆとり部分が必要となります。

　現在の年金受給額から考えると、もし、40 年以上会社員として厚生年金に加入した夫と、週 18 時間勤務で 103 万円以下の収入のパート勤めをしている妻が最低限の日常生活を送るならば、「老後の最低日常生活費（22.1 万円）」を「年金受給額（約 22.1 万円）」で補うことができるかもしれません。しかし、ゆとりある老後を過ごそうとするならば、「ゆとりある老後生活費（36.1 万円）」から「年金受給額（約 22.1 万円）」を引いた約 14 万円が毎月赤字となります。一方、妻が結婚・出産後も新卒で入社した会社を辞めず、夫婦で厚生年金に加入していた場合は、ゆとりある老後生活費に近い金額を受給することができます。なお、2016 年 10 月から、週 20 時間以上勤務するパートタイマーやフリーターは厚生年金の加入対象になっています。

未来への希望を失うと、人生は退屈になってしまう。　　　　　（女優　ベティ・デイヴィス）

Work●03-4　あなたが望む人生に必要なお金はいくら？

あなたが望む人生を過ごすためには、どのくらいのお金が必要なのかを計算してみましょう。

① 平均生涯賃金を参考に、あなたの生涯賃金を「W」欄に記入しましょう。

② 前頁の年金受給額を参考に、あなたが老後受けとる年金受給額を計算し、「X」欄に記入しましょう。

③ 定年までに必要な生活費を計算し、「Y」欄に記入しましょう。

④ 老後に必要な生活費を計算し、「Z」欄に記入しましょう。前頁の「日常生活費」表をもとに自分が必要な金額に24年を掛けて計算してみましょう。（60歳で定年後、日本人の平均寿命84歳まで生活した場合は24年間になります。平均寿命以上に長生きするライフプランを考えている人は、さらに年数を加えて計算してみましょう。）

⑤ 生涯賃金「W」と年金受給額「X」を足した額から生活に必要なお金「Y」と「Z」を引き、「B」を求めましょう。「B」はあなたの人生の＋αを彩るゆとりの費用です。

生涯賃金	年金受給額	－	必要なお金		＝	人生の＋αを彩る費用
			生活費 （60歳まで）	生活費 （定年後）		
W 　　　　万円	X 　　　　万円	－	Y 　　　　万円	Z 　　　　万円	＝	B 　　　　万円

$$(W+X)-(Y+Z)=B \quad 人生の＋αを彩る費用$$

 ヒント

W：大卒で正社員の生涯賃金は3億2810万円（退職金含む）

X：あなたが40年以上厚生年金に加入し、65歳から84歳の19年間、夫婦二人で妻が専業主婦の場合の年金受給額
　　22.1万（月額）×12ヶ月×19年＝5038万円

Y：月額35万円の場合、23歳から60歳の37年間必要とする生活費
　　35万（月額）×12ヶ月×37年＝1億5540万円

Z：「最低日常生活費（22.1万円）」の場合、60歳から84歳までの24年間夫婦で必要とする生活費
　　22.1万（月額）×12ヶ月×24年＝6364万円
　「ゆとりある老後生活費（36.1万円）」の場合、60歳から84歳までの24年間夫婦で必要とする生活費
　　36.1万（月額）×12ヶ月×24年＝1億396万円

 20歳だろうが80歳だろうが、学ぶことをやめた者は皆、老人だ。学び続ける者は、若くいられる。人生においてもっとも重要なことは、心を若く保つことだ。　（フォード・モータ創設者　ヘンリー・フォード）

Think

欲しいものは手に入る？

　Work03-4 で計算した人生の＋αを彩る費用「B」と、本章の最初に
Work03-1 で計算した、あなたの人生で買いたいものの合計金額「A」と
を比べてみましょう。

人生の＋αを彩る費用	比較すると？	買いたいもの
B　　　　　　万円	B ＞ A B ＝ A B ＜ A	A　　　　　　円

　あなたの結果は「B ＞ A」「B ＝ A」「B ＜ A」のどれになりましたか？
「B」はあなたの人生の＋αを彩る費用です。本章の最初に算出した「買
いたいもの（A）」はすべて買えそうですか。自分の望む夢や希望をかな
えることができる人生を目指しましょう。

さらに
学びたい人のために
役に立つ情報

池上 彰 『〔改訂新版〕池上彰のお金の学校 』
朝日新聞出版（朝日新書）　2019 年

「そもそもお金とは何か」からはじまり、お金の歴史や銀行や投資、仮想通貨、税金、給
与とボーナスなど、身近なお金にまつわる基本的な情報やしくみについてわかりやすく解説。

うだひろえ『誰も教えてくれないお金の話』
サンクチュアリ出版　2010 年

大学卒業後、自分で生計を立てるようになると直面する保険加入や不動産購入、老後の
不安など、生活に密着しているお金に対して、どのように考え判断していけばよいのかを
マンガ形式で学ぶ導入書。

 大変な目標だ。だからこそ、チャレンジするんだ。　　　　　　　　　（ホンダ創業者　本田宗一郎）

第4章 コンビニ弁当から職業を考える
——多様な職業(1)

この章のねらい

●多様な視点で物事を見る力を身につける。
●発想法と分類法（KJ法）を学ぶ。
●私たちの生活は多様な職業や業種と関わりながら成り立っていることを認識する。

社会では多くの人々がさまざまな仕事をしています。ここではKJ法を用いて多様な職業の理解を深めましょう。

　私たちの生活は、想像以上に多くの人の手やさまざまな職業の上に成り立っています。皆さんが普段何気なく使っている商品も、企画を考える人、型を作成する人、材料を仕入れる人、素材を開発する人と、さまざまな役割を持った人の手が関わって完成しています。

　暗くなるとスイッチ1つで明かりを灯してくれる照明を例にとってみましょう。スイッチは終点の照明器具と始点の発電所をつなげるツールです。スイッチを指一本でONにするだけで、明かりを灯すエネルギーとなる電気が発電所から山間部などにある大きな送電線を経由し、街中の電柱にかかる電線をつたいながら、各家庭のブレーカーを通って部屋に到達し、私たちに明かりを提供してくれます。長い距離を移動し手元に届く電気の流れの長さからだけでも、そこにはさまざまな関わりがありそうだと想像することができます。しかし、日常生活の中でこうした関わりの存在に気づく機会は多くありません。

　そこで本章では、私たちの身近なところから、私たちはどのような人や職業に囲まれて生活しているのかを改めて認識することで、私たちの身の回りに存在する多様な職業について理解を深めていきましょう。

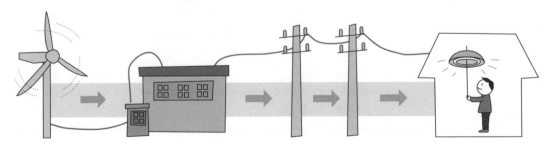

Warm-Up 04　　この仕事、どんな仕事か知ってる？

① 以下の表にある仕事はどんな仕事でしょうか。聞いたことのある仕事に
　○をつけてみましょう。わからない仕事は想像してみてください。

アクチュアリー	チェッカー	厩務員（きゅうむいん）
カスタマーエンジニア	ディスパッチャー	テラー

② グループ内で、知らない仕事について話し合ってみましょう。

振り返ってみよう

● 新しく知った仕事はありましたか？

Work●04-1　　コンビニ弁当を分解・分析してみよう

① 3人1組になってください。

② コンビニ（コンビニエンスストア）にある弁当を1つ選んで、その弁当には何が入っているのか、何でできているのかを付箋紙に書き出しましょう。

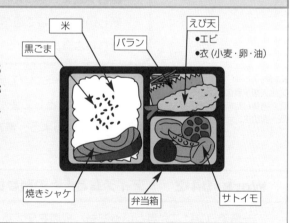

米
黒ごま
バラン
えび天
●エビ
●衣（小麦・卵・油）
焼きシャケ
弁当箱
サトイモ

お弁当の中身をチェックしよう
コンビニ弁当は中身のご飯やおかずだけではなく、おかずを仕切るバランやお弁当を入れる容器、それを包装するラップ、さらには商品名や消費期限、材料や熱量などが印刷されたラベルなど、さまざまな要素から出来上がっています。お弁当＝食べ物だけではなく、多様な視点から分析する力を身につけましょう。

振り返ってみよう

● 全部で何種類ありましたか？　数を数えてみましょう。

● 抜け落ちているものはありませんでしたか？　周りの人と確認しあいましょう。

笑顔は全てをプラスにする。しんどい時こそ笑顔になろう。　　　　　（帝塚山大学　元根朋美）

● Keyword ●
ブレインストーミング
KJ 法

ブレインストーミング（Brainstorming）は大手広告会社の社長であったアレックス・オズボーンが考案した発想法です。たくさんのアイデアを生み出すときに使うことができます。ブレインストーミングを行う際は次の4つの原則を守りながら進めます。

① **否定しない** 制限することで良いアイデアが出にくくなるため、他の意見の批判や否定、結論付けや制限をしない。解決策など次に続く言葉でアイデアを広げよう。

② **自由奔放** 「こんなことを言ったら笑われる？」などとは考えず、思いついたアイデアをどんどん出していこう。斬新なアイデアや奇抜なアイデアも出し合おう。

③ **質より量** できるだけ多くのアイデアを出そう。発言者が偏ることのないよう、少なくとも3巡以上は全員でアイデアを出し合おう。

④ **結合や連想** 他の人のアイデアを聞いて、自分のアイデアを加えて新しい意見として述べたり、連想を働かせて新しいアイデアを述べたりしよう。

KJ 法
文化人類学者の川喜多二郎氏が考案した問題解決の手法・発想法。⇨ p. 42

ブレインストーミングで出したアイデアは、KJ 法における第1段階の素材データ（情報）として使用することができます。情報量が多く、幅のある視点、視野となるよう、最初の段階でできる限りのアイデアを出し合いましょう。

Work●04-2 アイテムと人との関わりを考えてみよう

　一言でコンビニ弁当といっても、視点を変えることで中身と外装の存在に気づくことができます。

　お弁当の中身には、私たちが口にするものが中心となるお米やおかず以外に、口にすることができないしょうゆやソースの容器やバランもありました。一方、外装にはプラスチックのお弁当箱、お弁当を包む透明フィルムや値段や熱量を表示するシールなどがありました。

　これらは私たちがコンビニ弁当を目の前にして「目に見えるもの」です。しかし、これら中身や外装、商品自体には、私たちの目に見えないところで多くの人々の手が関わっています。

　このワークでは、それぞれのアイテムには「どのようなことをする人」や「どのような種類の仕事」が関わっているかの視点を持って、アイテムとさまざまな人や仕事との関係を広げて考えてみましょう。

アイデアの秘訣は執念である。 （理論物理学者　湯川秀樹）

　　Work 04-1で書き出したアイテムを3つ選び、そのアイテムから発想できる仕事を、新たな付箋紙に書き出してみましょう。それぞれ、グループのメンバー数×3個以上の仕事を書き出しましょう。

（例）3人グループの場合、3(人)×3(個)＝9以上

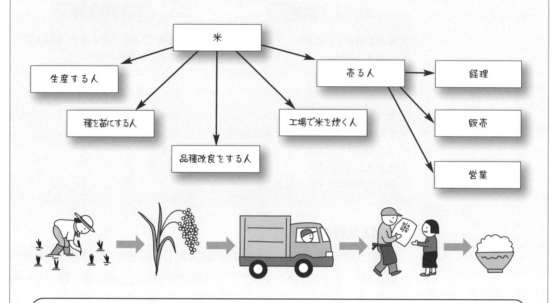

> **なかなか発想できないときは…**
> たとえば「考える仕事→研究開発、販売企画」「運ぶ仕事→ドライバー、配送伝票作成」「売る仕事→販売員、営業」などのように、「～する仕事」となるように動詞形で発想すると、さらにその先の仕事につなげることができます。

Study●04-2　職種と業種

　　あなたはファストフードのカウンターでアルバイトをしているとします。友人から「何の仕事をしているの？」と聞かれたら、何と答えますか？　「飲食業」と答える人もいれば、「販売職」と答える人もいるでしょう。この場合、「飲食業」と「販売職」、どちらの答えも正解です。しかし、もしどちらか1つだけの返答ならばどうなるでしょうか。たとえば「飲食業」のみの場合は、そこで何をしているのかわかりません。「販売職」のみの場合も、どんな分野にいるのかわかりません。

　　このように、どんな分野で何をしているのかが揃うことで、明確な答えに

 しなくちゃいけない仕事には、何か楽しめる要素があるもの。　　　　　　（ウォルト・ディズニー）

● Keyword ●

職種
業種

つながります。この場合、**Work 04-2** の作業で書き出した仕事を「人（どのようなことをする人か）」や「仕事（どのような種類の仕事か）」に当てはめると、人は「販売職」など「○○職」に分類される職種に属し、仕事は「飲食業」など「○○業」に分類される業種に属します。

人：職種
生計を維持するために、人が日常従事する仕事。

たとえば

米を育てる人（農家）
稲の品種を改良する人（研究者）
米を配送する人（ドライバー）
米を売る人（販売職）
売上金を管理する人（経理職）

仕事：業種
商業・工業などの事業や、経理・営業などの業務の種類。

たとえば

農業
研究業
運輸業
卸売業・小売業

●職種と業種の分類

職種の分類には「日本標準職業分類」（表1）、業種の分類には「日本標準産業分類」（表2）があります。これは総務省統計局の統計法に基づく統計基準です。

表1　職業分類表

A	管理的職業従事者
B	専門的・技術的職業従事者
C	事務従事者
D	販売従事者
E	サービス職業従事者
F	保安職業従事者
G	農林漁業従事者
H	生産工程従事者
I	輸送・機械運転従事者
J	建設・採掘従事者
K	運搬・清掃・包装等従事者
L	分類不能の職業

日本標準職業分類（平成21年12月統計基準設定）
による大分類を参考に作成

日本標準職業分類では、
大分類「販売従事者」⇨
中分類「商品販売従事者」⇨
小分類「販売店員」
になります。

好奇心は、活力ある知性の普遍的で確実な特性の一つである。　（詩人・文学者　サミュエル・ジョンソン）

　「日本標準職業分類」に基づく職種は大きく 12 種類に分類され、さらにそれぞれの項目内で中分類、小分類、細分類に細分化されています。現在日本で分類されている職業は約 2 万 8000 種類あります。

表 2　産業分類表

ア	農業，林業
イ	漁業
ウ	鉱業，採石業，砂利採取業
エ	建設業
オ	製造業
カ	電気・ガス・熱供給・水道業
キ	情報通信業
ク	運輸業，郵便業
ケ	卸売業，小売業
コ	金融業，保険業
サ	不動産業，物品賃貸業
シ	学術研究，専門・技術サービス業
ス	宿泊業，飲食サービス業
セ	生活関連サービス業，娯楽業
ソ	教育，学習支援業
タ	医療，福祉
チ	複合サービス事業
ツ	サービス業（他に分類されないもの）
テ	公務（他に分類されるものを除く）
ト	分類不能の産業

日本標準産業分類（平成 25 年 10 月改定）による分類
項目名を参考に作成

日本標準産業分類では、
大分類「宿泊業、飲食サービス業」⇨
中分類「飲食店」⇨
小分類「その他の飲食店　ハンバーガー店」
になります。

職種と業種の分類が異なることは理解できましたか？
では次に、仕事の内容に注目して、隠れた関係を見つけ出してみましょう。アイテムと人や仕事との関わりの中から共通性を考えましょう。

　機会が人を見捨てるよりも、人が機会を見捨てるほうが多い。　　　　　（フランスの諺）

Work●04-3　　共通性を考えよう①　関わりのある職種を見つけ出そう

Work 04-2 で作成した付箋紙を「〜する人（職種）別」に分類してみましょう。

① 机やホワイトボードの上に **Work 04-2** で作成したすべての付箋紙を広げ並べましょう。

①すべての付箋紙を並べる

② 付箋紙をまとめましょう。

　最初は似ている内容の付箋紙同士、関連する内容の付箋紙同士を2〜3枚ずつの小さいグループにまとめていきます。

　ただし、内容が似ていない、関連しない付箋紙は無理やりグループとしてまとめず、1枚のまま1枚だけのグループにしましょう。

　次に、小さいグループを、内容が似ているグループ、関連するグループ同士で近づけ、少しずつまとめていきます。これ以上まとまらなくなるまでグループをまとめていきましょう。

②付箋紙をグループにまとめる

③ ②で作成したグループにラベルを作成しましょう。

　ラベルとはそのグループにまとめられた付箋紙すべての内容を一言で言い表すことのできるタイトルです。グループを構成している付箋紙を何度も確認、吟味しながらタイトルを考えてみましょう。

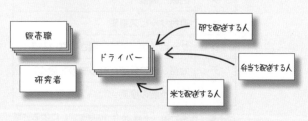

③グループにタイトルをつける

④ ③のラベルに、グループの内容と合致する「職業分類名」（38ページ）の種類のアルファベットを書き入れましょう。

　振り返ってみよう

● タイトルは何種類ありましたか？　できあがったラベルがコンビニ弁当に関わる職種です。

  練習は量より質、質より気分。　　　　　（元ラグビー日本代表チーム監督　平尾誠二）

発展1●それぞれのグループ同士の関係性を考えよう

　関係をあらわす「→」などのシンボルマークや複数グループを囲む枠、グループ同士の関係線を引きましょう。

※関係線は隣同士の間で引けるよう、配置を工夫しましょう。

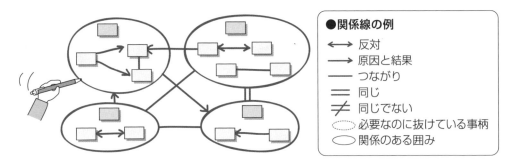

●関係線の例
- ⟷　反対
- →　原因と結果
- —　つながり
- ＝　同じ
- ≠　同じでない
- ⬭（点線）　必要なのに抜けている事柄
- ◯　関係のある囲み

順番に困ったら…
コンビニ弁当を手にするまでの流れを思い出してみましょう。

発展2●叙述化（文章化）にチャレンジしてみよう

　発展1ではそれぞれのグループ同士の関係性を考えました。発展2では、その結果を叙述化（文章化）してみましょう。最初に全体像を説明し、次にそれぞれのグループの説明、さらに他のグループとの関係を説明してみましょう。

叙述化〈例〉　＊ここでは1つのグループの例を提示します。

　コンビニ弁当に関わる仕事は、大きく2つの「つくる」と「売る」のグループに分類することができました。

　「つくる」グループは、さらに弁当の「具材をつくる人」と「容器をつくる人」のグループに分類することができます。

　「具材をつくる人」のグループには、米や野菜を育てる「生産する人」や、牛や鳥を育てる「飼育する人」、魚を釣る「漁をする人」らから構成される「食材グループ」、食材を調理しやすいように準備する「加工グループ」、米を炊く人や野菜を煮たり牛肉を焼いたりする「調理グループ」があります。他にも、お米など食材の品種改良や、牛や鳥のエサとなる飼料を改良する「研究グループ」もあります。

　同時に、それぞれのグループには、取り扱うアイテムを「調達する人」、「販売する人」、「配送する人」、「お金を管理する人」などとの関わりがあります。そして、これらの人たちは「売る」グループにも属していることから、仕事には多くの共通性があることがわかりました。

小さなことばかり考えていると、人柄も小さくなってしまう。　　（起業家　井植歳男）

Work●04-4　共通性を考えよう②　関わりのある業種を見つけ出そう

Work 04-3 ではコンビニ弁当に関わる「職種」との関係を考えました。このワークではコンビニ弁当に関わる「業種」を考えましょう。

Work 04-2 で作成した付箋紙を「仕事の種類（業種）別」に分類してみましょう。手順は Work 04-3 と同じです。Work 04-3 を参考に作業を進めましょう。

① 机の上に Work 04-2 で作成したすべての付箋紙を広げ、並べましょう。
② 付箋紙をまとめましょう。
③ ②で作成したグループにラベルを作成しましょう。
④ ③のラベルに、グループの内容と合致する「産業分類名」（39 ページ）の種類のカナを書き入れましょう。

振り返ってみよう

● タイトルは何種類ありましたか？ できあがったラベルがコンビニ弁当に関わる業種です。
● それぞれのグループ同士の関係性を考えてみましょう。
● 叙述化（文章化）にチャレンジしてみましょう。

Study●04-3　さまざまな発想法・思考法② KJ法

● Keyword ●
KJ法

Work 04-3、Work 04-4 で行った作業は KJ 法といわれる問題解決の手法です。考案者の川喜田二郎氏は文化人類学のフィールドワークで集めた情報をカードを使ってまとめ、新たな発想を生み出すことにつなげました。KJ 法を用いることで、もやもやとしていたり漠然としている状況を整理したり、問題の正体を明確にし解決策を考えたりすることができます。また、この手法はレポートや論文の作成にも便利です。たとえば、与えられた課題に対する資料を集めた後、レポートの筋立てを作成するのに使うことができます。他にも、人生や進路、行動においてどうしたらいいのかわからない時にも、すべてのもやもやしていることを書き出して整理することで、問題の原因を探りあて、解決策を考える手助けにもなります。1 つのカードや付箋には必ず 1 つの情報だけを書くことに注意しながら、今回学んだ手法を他の事例にも応用して使ってみましょう。

 できると思えばできる。できないと思えばそこで終わる。

（化粧品会社創設者　メアリー・ケイ・アッシュ）

Think

活かしあう関係に気づこう

　職種と業種は異なる属性（存在）です。しかし、１つの業種の中には異なる職種が存在して成り立っていることに気づくことができます。逆に、１つの職種を取り上げても多様な業種が存在していることに気づくことができます。

　将来の仕事を考えるとき、自分は職種にこだわっているのか、それとも業種にこだわっているのかを一度じっくりと考えてみましょう。もしかしたら、あなたが希望する業種に関わる仕事の中に、あなたを活かす職種があるかもしれません。一方で、あなたが希望する職種に視点を向けることで、あなたを活かす業種に出会えるかもしれません。もう一度整理して、あなたの可能性を広げましょう。

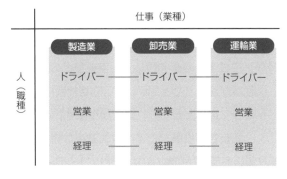

さらに
学びたい人のために
役に立つ情報

川喜田二郎　『発想法〔改版〕―創造性開発のために』 中公新書　2017年

本章で扱ったKJ法を説明している本。さらに深めるには『続・発想法』中公新書もある。

職業なるにはナビ（JS日本の学校）

22ジャンル、合計512の職業が紹介されている。就きたい職業に必要な資格の紹介や、就職してからどのような働く力が必要なのかも紹介している。
http://school.js88.com/catalog/naruniwa/

なるにはBOOKSシリーズ ぺりかん社

1冊まるごと1つの職業について仕事内容や魅力、なり方を紹介。現在150点（2020年11月）が刊行されている。

サイエンスチャンネル THE MAKING（33）コンビニエンスのお弁当ができるまで

動画でコンビニのお弁当ができるまでを紹介している。THE MAKINGシリーズでは317種類の「○○ができるまで」を見ることができる。
https://www.youtube.com/watch?v=wzy9SsZmtAg

第5章 社会の流れを知ろう
——現代社会の理解(3)

この章のねらい

●戦後から現在までの社会の流れをおおまかに理解する。
●自分がどのような時代に生きているのかを認識する。
●企業経営の変化について理解する。

> この章では、戦後から現在までの社会の流れをおおまかに
> 理解して、私たちがどのような時代に生きているのかを考
> えましょう。

　ここまでの章を通して、自分がどのような社会や時代に生きているのかについて
理解が深まったと思います。なぜ社会に対する理解が必要なのかについては、人生を
ドラマにたとえてみればわかります。

　私たちが役者だとすれば、社会は舞台、時代は時代設定であるといえます。そし
て、ドラマが悲劇なのか、またコメディなのかによって、役者の演技の仕方は変わっ
てきます。つまり、舞台、時代設定、ドラマの種類を理解しなければ、うまくドラマ
を演じきれないということです。したがって、私たちも自分が生きている社会や時代
を理解することで、いかに生きればよいのかについて、深く理解できるわけです。

　さて、この章では、戦後から現在までの過去70数年の歴史を簡単に振り返ります。
もともと「歴史」を意味する history と「物語」を意味する story は、語源が同じ
です。その意味では、歴史も「出来事のつながり」や「物語」といってもよいでしょう。そこで、これから登場する出来事に関して、キーワードとなる言葉を理解し、出来事どうしのつながりを物語の筋書として理解しましょう。まず、全体の筋書をおおまかにとらえ、個別の出来事との関係に注目します。そうすることで、私たちが生きている社会や時代に対する理解も深まると思います。

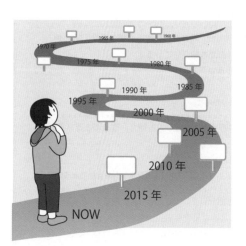

Warm-Up 05　　社会の出来事を当ててみよう

　　下のグラフは、内閣府がまとめた消費者態度指数の動きです。グラフの空欄に入ると思われる出来事を、キーワード欄から選んで埋めてみましょう。消費者態度指数とは、消費者の購買意欲、収入、経済状況などに対する感覚をあらわすもので、景気をあらわす重要な指標のひとつです。

消費者態度指数（二人以上の世帯、季節調整値）

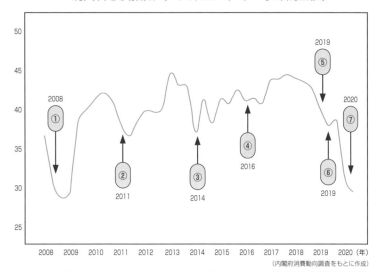

（内閣府消費動向調査をもとに作成）

東日本大震災	消費税引き上げ（8%→10%）	リーマン・ショック
改元（平成→令和）	消費税引き上げ（5%→8%）	新型コロナウィルス流行
共通番号制度（マイナンバー）運用開始		

振り返ってみよう

● 次はどんな社会になるでしょうか？
● どの社会に生まれていたかったと思いますか？

Study●05-1　経済成長率から社会の流れを見る

● Keyword ●

経済成長率
GDP（国内総生産）

　　Warm-Up 05 では、消費者態度指数の推移を見ました。グラフを見ると、2008 年と 2018 年あたりに大きな変化がみられます。一方、経済成長率の推移を見ると、かなり激しい動きがあります。経済成長率とは、国の経済規模が一年間でどれだけ伸びたのかを示すもので、通常、GDP（国内総生産）の伸び率であらわされます。

● Keyword ●

第一次オイルショック
高度成長期
バブル経済崩壊
安定成長期
低成長期
リーマン・ショック
第一次ベビーブーム
第二次ベビーブーム
団塊の世代

1956年から2010年までの経済成長率の推移を見ると、1950年代半ばから1973年の第一次オイルショックまでの高度成長期、1991年のバブル経済崩壊までの安定成長期、そして、現在にいたる低成長期の3つの時期に分けられます。2008年に見られる経済成長率の急降下は、いわゆるリーマン・ショックによるものです。これは、アメリカの大手証券会社・投資銀行のリーマン・ブラザーズが経営破綻し、その後、株価が暴落したことをさします。これにより、国際的な金融危機がおこりました。

経済成長率の推移

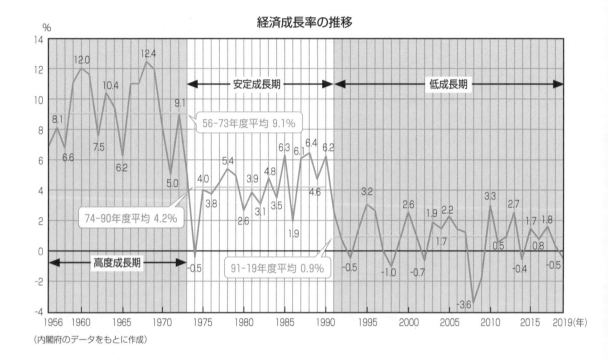

（内閣府のデータをもとに作成）

Study●05-2 　日本の人口ピラミッド

　2025年（予測）の日本の人口ピラミッドを見てください（次頁右の図）。ピラミッドというからには、本来、三角形をしているはずですが、現実には、いびつなひょうたん型をしています。ちなみに、50年以上前（1965年）の人口ピラミッド（左の図）は、比較的、三角形に近いものでした。

　2025年の人口ピラミッドを見ると、70歳代後半と50歳代前半に、男女とも大きなふくらみがあることがわかります。これは、第一次ベビーブーム（1947年～49年）世代と、その子ども世代にあたる第二次ベビーブーム（1971年～74年）の人口をあらわします。特に、第一次ベビーブームの世代は、団塊の

世間を知り、世間に寛大であれ。世間を楽しむためには、世間をかすめて生きるべきだ。
（作家　フランソワ・マリ・アリエ・ヴォルテール）

● Keyword ●

少子化
高齢化

世代（コラムを参照）と呼ばれ、その人口は3年間で約800万人をこえています。左右の図を見くらべると、少子化と高齢化の傾向がよくわかります。

日本の人口ピラミッド

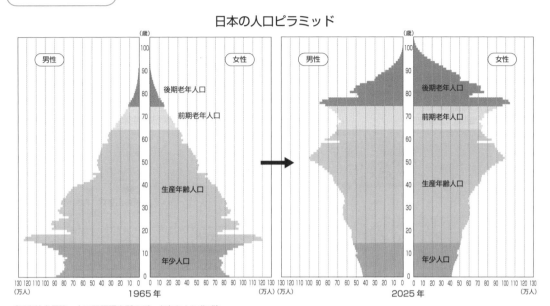

（国立社会保障・人口問題研究所のデータをもとに作成）

column
団塊の世代と2007年問題

　　　　　　　　　1947年〜49年生まれの世代のことを「団塊の世代」と呼びます。「団塊」とは、鉱物学でひとかたまりの鉱物をさす「ノジュール」（nodule）の訳語です。1976年に発表された小説『団塊の世代』で、作家・堺屋太一氏（1935〜）がこの言葉を使い、一般に普及しました。

　さて、労働力としても大きな人口を占める「団塊の世代」は、2007〜09年にかけて定年をむかえました。大量の労働力が失われるとともに、彼らがもっていた技術や技能が失われるのではないか、という強い危機感が企業のなかにありました。これを「2007年問題」といいます。しかし、定年後の雇用延長や再雇用などもあり、現実には予想されたほどの深刻な問題とはなりませんでした。

　「2007年問題」は別の角度から見れば、大量の社員が定年退職するわけですから、企業の新規採用枠が広がる可能性が高くなるともいえます。しかし、現実には、企業の多くが「厳選採用」という方法をとり、新規採用枠が広がったとはいえません。「厳選採用」とは、まさに採用者を「厳選」し、会社の求める一定レベルの人材しか採用しないという方針です。したがって、一定採用予定人数に達しないという場合もおこります。

1つのドアが閉まれば、もう1つのドアが必ず開きます。それはバランスをとるための、自然の法則なのです。
（ロック歌手　ブライアン・アダムス）

すでに見たように、日本は少子高齢化の傾向にあります。ここでは、その実態について考えてみましょう。

出生数と合計特殊出生率

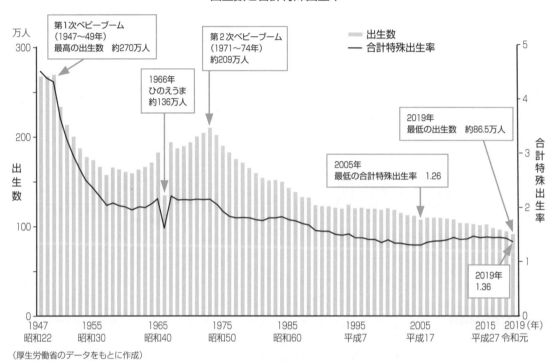

（厚生労働省のデータをもとに作成）

● Keyword ●

少子高齢化
合計特殊出生率
福祉元年
1.57ショック
ひのえうま

ここに示した図は、1947年から2019年までの、出生数と合計特殊出生率をあらわしたものです。合計特殊出生率とは、15歳から49歳の女性が一生に産む子どもの数の平均をあらわします。これは、一世帯あたりの子どもの数と考えてもよいでしょう。

すでに学んだように、1973年の第一次オイルショックによって、高度成長期が終わります。当時の総理大臣・田中角栄（1918〜93年）は、福祉元年をスローガンにして、社会福祉に重点を置いた政策を打ち出しました。実は、「福祉元年」は「少子化元年」でもあり、同じ年、合計特殊出生率は2.14を記録しました。その後、減少傾向を続け、1989年には1.57となり、1.57ショックと呼ばれ、社会的に大きな波紋を巻き起こしました。なぜ、「ショック」であったかというと、1966年のひのえうま（次頁のコラムを参

我々は人生という大きな芝居の熱心な共演者だ。　　　　　　　　　　　（詩人　ハンス・カロッサ）

● Keyword ●
高齢化率
高齢化社会
高齢社会

照）の合計特殊出生率 1.58 を下回ったからです。その後も少子化は止まら
ず、2005 年には 1.26 まで減少しました。2014 年には 1.42 と微増に転じた
ものの、2016 年には出生数が前年比で 3 万人近く減り，初めて 100 万人を
割り込みました。

　次に高齢化の問題について考えてみましょう。高齢化の度合いをはかる
指標として、高齢化率がよくつかわれます。これは、65 歳以上の人口が総
人口に占める割合を示したものです。この割合が 7%をこえた社会を高齢化
社会、14%をこえた社会を高齢社会と呼びます。

　日本は、1970 年に高齢化率が 7%をこえ、95 年には 14%をこえました。
つまり、わずか 25 年で高齢化社会から高齢社会に移行したわけです。世界
的にみると、高齢化社会から高齢社会への移行は、ドイツが 40 年、イギリ
スが 47 年、スウェーデンが 85 年、フランスは 115 年かかっています。これ
らと比較すると、日本の高齢化の速度は、かなり速いものだといえます。な
お、2016 年の高齢化率は 27.3%であり、内閣府の予想によると、2065 年の
高齢比率は 38.4%、2.6 人に 1 人が 65 歳以上、4 人に 1 人が 75 歳以上にな
るとされています。

column
ひのえうま

　「ひのえうま」とは、十干十二支の組み合わせで 43 番目にあた
るものです。「十干」は「甲・乙・丙・丁・戊・己・庚・辛・壬・
癸」の十種類です。日本語の読みでは、「甲・乙・丙・丁…」と続きます。これは、中国の陰陽
五行説からきた「木・火・土・金・水」の五行と「陰・陽」をあらわす「兄・弟」を順番に組み合
わせたものです。したがって、「木」+「兄」=「甲」、「木」+「弟」=「乙」、「火」+「兄」=「丙」とな
ります。「十二支」は、ご存じの「干支」（子・丑・寅・卯・辰・巳・午・未・申・酉・戌・亥）で
す。本来は、十干十二支の組み合わせを「えと」といいますが、現在では十二支のほうを「えと」
と呼ぶのが一般的になりました。

　さて、前置きが長くなりましたが、十干と十二支を順番に組み合わせていくと、43 番目に「丙
午」（「ひのえ」と「うま」の組み合わせ）がめぐってきます。江戸時代からの迷信で、「ひのえう
ま」生まれの女性は気性が激しく、災いをもたらす、といわれてきました（この迷信の由来につい
ては諸説あります）。迷信にも関わらず、「ひのえうま」の年には、子どもをもうけることを避けて
きたようです。その証拠に、昭和 41 年（1966 年）の出生数が極端に低いことがわかります。ちな
みに、次の「ひのえうま」は 2026 年にやってきます。

昨日より今日、今日より明日、明日より明後日、日々変わり続ける事が大切です。

Work●05-1　　時代の流れを描こう

これまで学んだことをもとに、1945年から2019年までの流れをシートに描いてみましょう。
グラフは、経済成長率を簡単な曲線であらわしたものです。

① 重要な社会的出来事を書き入れましょう。

　（第一次・第二次オイルショック、福祉元年、バブル経済崩壊、リーマン・ショックなど）

② 少子化と高齢化について、重要な年代を書き入れましょう。

　（ひのえうまの年、高齢化率が7%、14%になった年、少子化元年、1.57ショックなど）

ワークシート●05 ··· p. 137

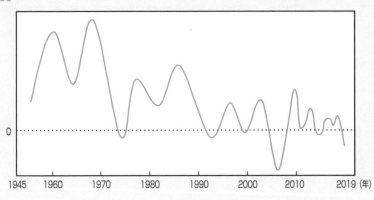

---

column

バブル経済

　　　　　　1980年代後半から1990年代初頭までの好景気だった経済状況を「バブル経済」と呼びます。この時期、株価や地価などの資産価格が、投機目的のために、本来の価値を大幅に上回って高くなりました。つまり、資産がどんどん値上がりすることを前提として、株や土地の売り買いが行われた結果、それらの価値が実体以上に高くなり、経済全体が泡（バブル）のように膨れ上がったわけです。しかし、シャボン玉がやがてこわれるように、1990年代初頭、バブル経済も崩壊する時期がきました。株価や地価はいつまでも上昇するわけではなく、下落しはじめると、資産価値のない株や土地が一斉に売られるようになります。その結果、ますます株価や地価が下落し、景気が後退しました。金融機関は企業に多額の融資をしてきましたが、経済の低迷と業績の悪化で、返済できない企業も多くなりました。回収できなくなったお金は不良債権となって蓄積し、それが原因で破綻する大手金融機関も出ました。このようなバブル経済の崩壊以降、約10年間の経済的停滞期は「失われた10年」と呼ばれています。

 ユーモアの重要性をおたがいに忘れてはならぬ。現代人は、あまりにも生活を深刻に考えすぎる。
（作家・言語学者　林語堂）

Study●05-4　日本的経営と成果主義

● Keyword ●

日本的経営
終身雇用
年功序列
成果主義

　ここまで、社会の大きな流れについて見てきました。最後に、企業の変化についても見ておきましょう。

　戦後日本は、驚異的な復興をとげ、強い経済力を持つようになりました。このことは、欧米諸国からみれば、ひとつの謎でした。学者たちは、その答えのひとつを、日本企業の経営方法に見出しました。そこで、日本独特の経営方式を日本的経営と呼びました。日本的経営の特徴はいくつかありますが、際立ったものとして終身雇用と年功序列があげられます。

　終身雇用は、一度入社すれば、会社が定年まで雇用を保障するというものです。年功序列は、年齢や勤続年数を基準にして、昇進や昇給が決まる仕組みです。この2つがあいまって、会社にとっては雇用が安定しますし（すぐに社員がやめない）、社員にとっては生活が安定し、会社に対する忠誠心も生まれます。しかし、その半面、仕事の成果とは別に、年齢や勤続年数によって評価されることで、社員の不満も出てきます（もちろん、我慢して働き続ければ昇進や昇給もあります）。

　さまざまなメリットとデメリットがあるとはいえ、日本的経営は日本企業の成長をささえる要因のひとつでした。しかし、1990年代初頭にバブル経済が崩壊すると、企業の財政基盤が大きく揺らぎ、経営の方法自体を根本的に見直さざるをえなくなりました。そこで登場したのが成果主義という考え方です。成果主義には、目標管理による評価制度と、仕事の成果に応じた賃金という特徴があります。1990年代以降、成果主義に移行した企業も多くありましたが、日本の企業文化にそぐわないのではないかという考えから、また日本的経営が再評価される動きもあります。

　さて、昨今、AI（人工知能）の飛躍的な発達により、多くの仕事がAIやロボットに取って代わられるとの予測があります。AIは、産業構造や経営、人間の働き方などを変えていくでしょう。このような社会の流れに対応するためにも、自分の生き方をしっかりと考える必要があります。

Think

これから注目される仕事は？

　この章で学んだことをもとに、どのような仕事が今後注目されるか考えてみましょう。

今を戦えない者に、次とか来年とかを言う資格はない。　　　（サッカー選手　ロベルト・バッジョ）

第6章 AIと仕事の未来
——現代社会の理解(4)

この章のねらい

● AIの現状について学ぶ。
● AIと仕事の未来について考える。
● AIの発達を考慮して自分の未来について考える。

第5章で、AIが私たちの生活を大きく変えつつあることにふれました。この章では、AIが私たちの仕事にどのような影響をあたえるのかを考え、自分の未来についても考えてみましょう。

2016年、米国グーグル傘下のディープマインド社が開発した、コンピュータ囲碁プログラム「アルファ碁」が韓国のイ・セドル九段を破ったことは、AI（artificial intelligence 人工知能）の急速な発展を世界に印象づけました。その後、アルファ碁はさらに改良され、強さを増しています。

では、AIとはなんでしょうか。あらためて定義するとなると、なかなか難しいですが、ひとまず「人工的につくられた人間の知能のようなもの、あるいはそれをつくる技術のこと」*と考えておけばよいでしょう。ただし、その技術は単一のものではなく、これまでに蓄積されてきたさまざまな技術の集合体であるといえます。

AIに対する研究者や技術者の認識・態度は一様ではありませんが、大きく二つの流れにわかれます。ひとつは、人間と同等の知能をもち汎用的な用途に活用できるような「強いAI」をめざす立場、もうひとつは、人間の知能の一部を代替し特定の用途に活用する「弱いAI」をめざす立場です。その具体例としては、自動運転、音声・画像認識、囲碁やチェスの対戦などがあげられます。「強いAI」のイメージは、SF小説などに登場する、ロボットが人間に逆らったり、人間を支配したりする恐怖感につながっているようです。しかし、AIにさまざまなデータを学習させるのは人間である、ということを認識しておく必要があります。

*松尾豊『人工知能は人間を超えるか』KADOKAWA/中経出版、2015年

Warm-Up 06　　4コマ・ストーリー

① 4人1組をつくります。

② 先生がテーマをひとつあたえます（例：「大学生活」「就職活動」など）

③ 各自、あたえられたテーマについて、ひとつの単語を連想します。

④ グループ内で、自分が連想した単語を紹介します。

⑤ 各グループで、4つの単語をうまくつなぎあわせて、4コマ・マンガのように、ひとつのストーリーをつくってください。

⑥ 各グループの代表が、できあがったストーリーを発表しましょう。

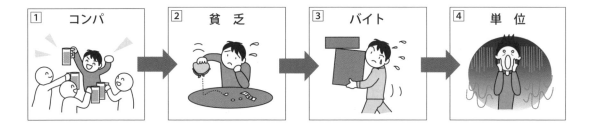

| 1 コンパ | 2 貧乏 | 3 バイト | 4 単位 |

Work●06-1　　AIにとってかわられる仕事は？

　野村総合研究所とオズボーンらの共同研究は、AIにとってかわられるリスクが最も高い職業群と最も低い職業群を予想しています。以下の職業がどちらに属するか考えて、**ワークシート06**に記号で記入してください。

Ⓐ 電車運転士	Ⓑ 精神科医	Ⓒ 作業療法士
Ⓓ 検針員	Ⓔ こん包工	Ⓕ レジ係
Ⓖ 一般事務員	Ⓗ 積卸作業員	Ⓘ 小児科医
Ⓙ 製本作業員	Ⓚ はり師・きゅう師	Ⓛ 外科医
Ⓜ メイクアップアーティスト	Ⓝ 盲・ろう・養護学校教員	Ⓞ 言語聴覚士
Ⓟ 国際協力専門家	Ⓠ 経理事務員	Ⓡ 包装作業員
Ⓢ 路線バス運転者	Ⓣ 産業カウンセラー	

ワークシート●06 ･･ p. 139

AIにとってかわられる**リスクが高い**職業群	AIにとってかわられる**リスクが低い**職業群

 現状維持では後退するばかりである。　　　　　　　　（ウォルト・ディズニー）

Study●06-1　技術的失業

● Keyword ●
AI
技術的失業
ラッダイト運動
ネオラッダイト

　AI技術の進歩によって、大量の失業者が生まれるという議論があります。このような考え方は、SFの世界でたびたび描かれてきた、ロボットが人間を支配するという「ロボットの逆襲」のイメージとも重なり、社会に大きな不安感をあたえています。

　しかし、AIが登場する以前から、技術の進展による失業の発生については議論されていました。1930年に経済学者ケインズは、これを技術的失業（technological unemployment）という言葉であらわしました。

　歴史的にみると、技術的失業が大きな問題になった代表的な出来事は、イギリスの産業革命のなかでおこったラッダイト運動です。イギリスの織物工業地帯では織機の機械化がすすみ、高賃金の熟練労働者が失業し、未熟練労働者は悪い労働環境のなかで長時間労働を強いられました。そこで、1810年代、機械や工場施設を打ち壊す行動にでる労働者があらわれました。これがラッダイト運動（機械破壊運動）です。

　1990年代になると、ラッダイト運動になぞらえてネオラッダイトと呼ばれる考え方があらわれました。これは、情報通信技術の進展によって失業が増大するというものです。ネオラッダイトは、ラッダイト運動のような運動ではなく、反技術主義や反グローバリズムといった広い文脈における思想の潮流と考えたほうがよいでしょう。

Study●06-2　AIで消える仕事、生き残る仕事

　AIによって、現在ある仕事がどれだけ消えるか、あるいは生き残るかについてはさまざまな予測があります。

WEF
World Economic Forum

　2016年、世界経済フォーラム（WEF）は、世界の労働人口の約65%を占める、日本を含む15の国・地域のデータをもとに、20年までに、AIやロボットの技術開発の進展で（710万人の雇用喪失と200万人の雇用創出により）約510万人の雇用が失われると予測しました。その後、2020年にWEFは、25年までに世界の労働力の半分を機械が担うとの予測を発表しました。

　また、2015年、野村総合研究所はオズボーンらとの共同研究で、601種類の職業のデータをもとに、今後10年から20年のあいだに、日本の労働人口の約49%の職業が、技術的にはAIやロボットで代替可能になると予測しています。

人生のあらゆる活動について効率的であるための秘密は、最大限に活動しながら、最大限にリラックスするということです。
（作家　アルダス・ハックスレイ）

それでは、**Work06-1** の答えをみてみましょう

AIにとってかわられる**リスクが高い**職業群	AIにとってかわられる**リスクが低い**職業群
電車運転士	精神科医
経理事務員	国際協力専門家
検針員	作業療法士
一般事務員	言語聴覚士
包装作業員	産業カウンセラー
路線バス転者	外科医
積卸作業員	はり師・きゅう師
こん包工	盲・ろう・養護学校教員
レジ係	メイクアップアーティスト
製本作業員	小児科医

出典：「日本におけるコンピュータ化と仕事の未来」野村総合研究所、2015年

　このように、AIにとってかわられるリスクが最も高い職業群には、自動化が容易な職業や仕事が含まれています。たとえば、最近の自動運転車の開発をみれば、電車や路線バスの運転が容易に自動化されることが理解できます。一方、AIにとってかわられるリスクが最も低い職業群には、複雑な社会的コミュニケーションや創造的作業をともなう職業や仕事が含まれていることがわかります。これらは、自動化が困難で代替可能性が低い職業や仕事であるといえます。

　興味深いことに、野村総合研究所によると、日本の労働者の約40%は自動化が不可能とみなされる職業についているということです。上記の職業や仕事以外にも、セラピスト、幼稚園教諭、大学講師なども、自動化されるリスクが最も低い職業群に分類されています。また、物理学者、建築技師、彫刻家、ダンサーなども、低リスクのカテゴリーに分類されており、創造的な作業をともなう仕事は自動化が困難であると考えられます。

*海老原嗣生『「AIで仕事がなくなる」論の嘘』イースト・プレス、2018年

　このような予測とは別に、海老原嗣生*は、2018年から15年間に限定すれば、AIやロボットに代替される職業や仕事は9%程度（約570万人）であると予測しています。ただし、業種・職種によって時間差があるものの、長期的には大規模な雇用の消滅にむかっており、当面、AIやロボットができない「すき間労働」が増加するとも指摘しています。

Study●06-3　あらたな仕事が生まれる可能性

　ここまでみてきた予測には、悲観的なものが多く含まれていました。しか

小さいことを積み重ねるのが、とんでもないところへ行くただひとつの道だと思っています。
（プロ野球選手　イチロー）

し、私たちの未来におこることは、はたして悲観的なことだけでしょうか。

AIやロボットの進展によって失業が増大するという考えの背景には、固定された一定量の仕事を奪いあうような労働市場が想定されています。しかし、一時的に労働市場が固定的であったとしても、長期的には失業者が別の職業についたり新たな職業が生まれたりする可能性があります。事実、ラッダイト運動のあと、労働者たちが失業状態を続けたわけではありません。

たとえば、米国でのATM（現金自動預払機）の普及と銀行の窓口係の数についてみてみましょう。ATMは1970年代に導入され、1995年から2010年にかけて4倍に増えました。通常、機械化がすすむと銀行の窓口係の数が減少すると考えられますが、実際には増加しました。それはなぜかというと、ATMのおかげで支店を低コストで営業できるようになり、支店の数が増え、窓口係の業務内容は、自動化できない金融商品の販売など、対面の業務を必要とするものへと変化していったからです。

もちろん、ATMによる銀行業務の自動化とAIによる広い分野の仕事の自動化を同じように考えることはできませんが、人間でなければできない仕事は依然として残ると思われます。また、人間には尽きることのない創造性や果てなき欲求があり、常に新しい仕事が生みだされる余地が残されています。

ここに、新しい職業が生まれつつあることをしめす興味深いアンケート結果があります。

小学生が将来つきたい職業

	男　子	女　子
1位	YouTuberなどのネット配信者	パティシエ（ケーキ屋さん）
2位	プロサッカー選手	保育士・幼稚園教諭
3位	プロ野球選手	看護師
4位	運転士	医師（歯科医含む）
5位	警察官	花屋

出典：学研教育総合研究所『小学生白書Web版』2019年

男子小学生が将来つきたい職業の第1位には、「YouTuberなどのネット配信者」があげられています。2017年の調査で「YouTuberなどのネット配信者」という選択肢が回答欄に追加されると、すぐに10位内にランクイン

失敗は成功の味を引き立てる調味料である。　　　　　　　　（作家　トルーマン・カポーティ）

するようになりました。これは、まさに現代の世相を反映しているといえます。

　小学生が YouTuber を夢みるのはいいかもしれませんが、現実には、YouTuber として生計を立てられる人はほんの一握りにすぎません。とはいえ、ITの進展でいままでになかった仕事が生まれつつあることも事実です。

Study●06-4　独学力と「まなびほぐし」

● Keyword ●
独学力
まなびほぐし

　この章では、AIの進展によって、職業や仕事がどのように変わるにかについて、さまざまな予測があることを学びました。その予測の多くが悲観的なものでしたが、それらを鵜呑みにしてはいけません。生き残ると予測されている職業や仕事だけを目指すというのも現実的ではありませんし、なくなる職業や仕事がある一方で、人間の創造力によって、あらたな職業や仕事が生まれる可能性も大いにあります。

　重要なことは、どのような社会の変化にも対応して生きていく力を身につけることです。そのためには、知識や技能を必要に応じて自ら習得する独学力が必要です。昨今、「独学」をキーワードにした多くの本が書店に並ぶようになりました。それらが大学生よりも社会人に向けて書かれたものであることを考えると、社会人の多くが独学力を身につけていないことがわかります。一方、大学生に目をむけたとき、インターネットにあふれる無料のコンテンツを有効に活用している大学生がどれくらいいるでしょうか。いくら環境が整っていても、必要に応じて自ら学ぶというのは、意外に難しいものです。

　AI時代には、生涯にわたって学び続けることが重要になってくるでしょう。学び続けることを考えるとき、まなびほぐしという言葉が参考になります。哲学者の鶴見俊輔は、アメリカ留学中にニューヨークの図書館でヘレン・ケラーに出会い、「アンラーン」（unlearn）という言葉を知ります。鶴見は、これに「まなびほぐす」という絶妙な訳語をつけました。そして、「たくさんのことを学び（learn）、たくさんのことをまなびほぐす（unlearn）。それは型どおりのスウェーター〔注：セーターのこと〕をまず編み、次に、もう一度もとの毛糸にもどしてから、自分の体型に必要にあわせて編みなおす」＊のと同じである、といいます。これは、身につけた知識や技能を新しい環境にあわせてつくりかえていくことです。このような「まなびほぐし」が、AI時代に求められるでしょう。

＊鶴見俊輔『教育再定義への試み』岩波書店、2010年

とにかく思い切ってやってみようじゃないか。間違ったらまた変えるのだ。　（ソニー創業者　盛田昭夫）

第7章 社会で求められている人材とは？

——求められる人材

この章のねらい

- ●社会が求める人材について理解する。
- ●自分が持っている知識やスキルと、社会が求めるものとを比較する。
- ●自分が伸ばすべき能力を確認する。

この章では、いま社会が求める人材についての理解を深めます。また、社会が求める人材と自分が持っている能力を比較し、自分が伸ばすべき能力を確認します。

　アルバイト、パートや正社員といった雇用形態にかかわらず、人を雇う場合、「〜に関する知識がある人」「〜ができる人」といったように、何らかの知識やスキルを前提として人を選びます。したがって、「求められる人材」とは、「求められる知識やスキルを持った人」と言い換えることができます。これまで政府や企業が、求められる知識やスキルを明確な言葉で表現することは、あまりなかったようです。しかし、この章で紹介する経済産業省の社会人基礎力のように、「〜できる力（○○力）」という形で、求められる能力が具体的に示されるようになりました。これには、コンピテンシー（competency）という概念が深く関わっていると考えられます。

　コンピテンシーのとらえかたはさまざまですが、ひとまず「高い業績をあげる人に共通にみられる行動特性」と理解してもよいでしょう。この概念は古くからあるものですが、ビジネスの世界に導入されたのは、アメリカの心理学者マクレランド*らの研究によるといわれます。マクレランドらは、高い業績をあげる人には、学歴や知識に関係なく、共通の行動特性があることを発見しました。コンピテンシーという概念が注目されるのは、成果主義や厳選採用の考えとも合致したからでしょう。その意味で、社会が求める人材と、社会の変化や企業経営の変化の関係を考えることは重要だといえます。

ぜひ来てください！

*マクレランド　David C. McClelland（1917-98）ハーバード大学教授

Warm-Up 07　ビンゴで当てよう

① 3×3のマスに、下の表から「あなたが思う、採用時、企業が重視する能力」を9つ選んで、その記号を書き入れてください。

② 3人1組になって、選んだ9つの能力を比べてみてください。

③ 他の2人の意見を参考にして、記号を書きかえても構いません。

④ それでは、実際の企業の採用担当責任者が答えたアンケートの結果から、正解を発表します。上位にあげられているものから発表しますので、自分の書いたものがあれば、○をつけてください。

⑤ もっとも多くビンゴしたチームの勝利です。

Ⓐ 責任感	Ⓚ 履修履歴・学業成績
Ⓑ 協調性	Ⓛ 創造性
Ⓒ リーダーシップ	Ⓜ 専門性
Ⓓ 問題解決能力	Ⓝ チャレンジ精神
Ⓔ 留学経験	Ⓞ 誠実性
Ⓕ 信頼性	Ⓟ ストレス耐性
Ⓖ 語学力	Ⓠ 論理性
Ⓗ 主体性	Ⓡ 柔軟性
Ⓘ 一般常識	Ⓢ 潜在的可能性（ポテンシャル）
Ⓙ コミュニケーション能力	

（日本経済団体連合会「2018年度　新卒採用に関するアンケート調査結果」より）

あなたが思う、採用時、企業が重視する能力

Study●07-1　企業と大学生の認識のギャップ

● Keyword ●

即戦力
潜在能力

　就職について考えるとき、社会や企業がどのような人材を求めているかを知ることが重要です。しかし、大学生が考える「求められる人材」と、社会や企業が実際に「求める人材」とのあいだには、大きなギャップがあるようです。

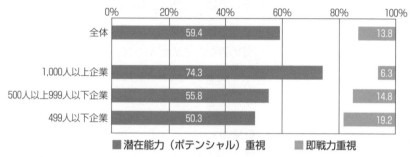

採用時に重視するのは潜在能力か即戦力か

（Benesse 教育研究開発センター実施「社員採用時の学力評価に関する調査」2008 年より）

　たとえば、大学生の多くは、採用の際に、即戦力や大学で学んだ専門的知識が求められていると思っています。しかし、図に示すように、約 60％の企業が即戦力よりも潜在能力（ポテンシャル）を重視していることがわかります。さらに、従業員数でみると、規模が小さくなるほど即戦力重視になるようです。これは、大きな企業ほど比較的社内教育にお金をかける余裕があり、小規模企業は、その余裕がないため、即戦力を重視しやすいと理解すればよいでしょう。それでも約 50％の小規模企業は潜在能力重視です。

　では、ここでいう潜在能力とは何でしょうか。学生諸君のなかには、「潜在能力は生まれつきのものなので、大学生の自分には、もうどうにもならない」という人がいます。しかし、そうではありません。ここでいう「潜在能力」とは、学生が入社後に、どれだけ伸びる可能性を秘めているか、ということです。別の言葉でいえば、「伸びしろ」と呼ばれるもので、決して生まれつきのものではありません。したがって、皆さんが、入社後にどれだけ伸びる可能性を秘めていて、さらに伸びようとする情熱を持っているかが重要になります。

たいていの無知は克服できるものだ。我々が知らない理由は、知ろうとしないからなのだ。
（作家　オルダス・ハクスリー）

企業が重視する能力とは

それでは、**Warm-Up 07** で行った「採用時、企業が重視する能力」の答えを見てみましょう。

採用時、企業が重視する能力

能力	(%)
コミュニケーション能力	82.4
主体性	64.3
チャレンジ精神	48.9
協調性	47.0
誠実性	43.4
ストレス耐性	35.2
論理性	23.6
責任感	22.1
課題解決能力	19.8
リーダーシップ	17.1
柔軟性	15.0
潜在的可能性（ポテンシャル）	13.5
専門性	12.0
創造性	11.1
信頼性	10.9
一般常識	6.5
語学力	6.2
履修履歴・学業成績	4.4
留学経験	0.5
その他	3.9

（日本経済団体連合会「2018 年度　新卒採用に関するアンケート調査結果」より）

ここにも、大学生が考える「企業が重視する能力」と企業側の考えのあいだにギャップが見られます。大学生の多くは、大学の授業で身につけた知識・スキルや英語能力などが重要であると考えがちです。しかし、企業側が重視する能力を重視する順番に見ていくと、これらの能力は必ずしも上位にランキングされているわけではありません。

図に示すように、企業が採用時に重視する能力の第 1 位は、コミュニケーション能力です。以下、主体性、チャレンジ精神、協調性の順となっています。主体性という言葉は、昨今、よく使われるようになりました。先行きの見えない時代こそ、チャレンジ精神をもって、自分の頭で考えて行動する人間が求められています。

行動だよ。何もしないで、ある日突然潜在能力はあらわれはしない。　　　　　（解剖学者　勝沼精蔵）

もちろん、大学で学んだ知識・スキルが重要であることは、いうまでもありません。しかし、それ自体を企業はあまり重視していないのです。語学力についても、同じことがいえます（外資系企業のように、語学力を重視する場合は別ですが）。入社時に語学力が高いことは望ましいですが、むしろ、入社後に語学力の向上を求める場合が多いようです。また、昇進条件にTOEIC等で高得点をとることを求める企業もあります。ただし、誤解のないように言っておきますが、大学のさまざまな授業を通して学んだ知識やスキルが積み重なったときに、図に示したようなさまざまな力が自然と身についているはずです。ですから、大学の授業と就職活動をまったく切り離して考えるのは間違いであることを強調しておきたいと思います。

　さて、これまで見てきたように、企業と大学生の認識にはギャップが存在します。このギャップを、「売り手」と「買い手」の商品の売買にたとえることができます。たとえば、売り手は商品Aを売りたいのですが、買い手は商品Aを買いたいわけではありません。そこで、売り手は買い手が買いたいと思う商品を提供する必要があります。そのためには、買い手がどのような商品がほしいのか考える必要があります。そして、買い手が買いたいと思う商品Bを、あらためて示す必要があります。ここで、「売り手」を「学生」、「買い手」を「企業」、「商品」を「能力」に置き換えてみれば、このたとえの意味がよくわかると思います。このように、相手が何を求めているかを常に考える必要があるでしょう。

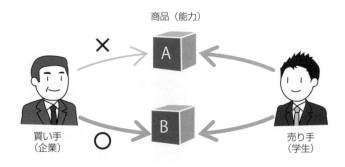

　行動力のある者のように考え、思考力のある者のように行動せよ。　　（哲学者　アンリ・ベルグソン）

Study●07-3　社会人基礎力とは

　2006（平成18）年2月、経済産業省は「職場や地域社会で多様な人々と仕事をしていくために必要な基礎的な力」を3つの能力（12の能力要素）からなる社会人基礎力と定義づけました。

社会人基礎力　3つの能力／12の能力要素

前に踏み出す力（アクション）

一歩前に踏み出し、失敗しても粘り強く取り組む力

主体性	物事に進んで取り組む力
働きかけ力	他人に働きかけ巻き込む力
実行力	目的を設定し確実に行動する力

考え抜く力（シンキング）

疑問を持ち、考え抜く力

課題発見力	現状を分析し目的や課題を明らかにする力
計画力	課題の解決に向けたプロセスを明らかにし準備する力
創造力	新しい価値を生み出す力

チームで働く力（チームワーク）

多様な人々とともに、目標に向けて協力する力

発信力	自分の意見をわかりやすく伝える力
傾聴力	相手の意見を丁寧に聴く力
柔軟性	意見の違いや立場の違いを理解する力
状況把握力	自分と周囲の人々や物事との関係性を理解する力
規律性	社会のルールや人との約束を守る力
ストレスコントロール力	ストレスの発生源に対応する力

　これを見ると、「企業が重視する能力」の上位にあげられている能力が、言葉をかえて示されているといえます。「社会人基礎力」が発表されてから、これらの能力が、あらためて「社会人に求められる能力」として認識されるようになりました。しかし、大学生が採用時に12の能力要素のすべてを身につけているべきである、と考えるのは非現実的です。むしろ、長い時間をかけて、さまざまな能力を向上させていくほうが現実的でしょう。

　企業の採用担当者の多くが、異口同音に人柄が大切だといいます。ここでいう「人柄」とは、文字通りの「人柄」ではありません。社会人としての常識・マナーがあり、明確な自分の考えを持ち、それを的確に伝えるコミュニケーション能力が感じられたとき、採用したい「人柄」が備わっている、と評価されるのです。つまり、常識・マナーと、広い意味での考える力とコミュニケーション力が、最低限必要であるということです。

目標が高くなれば意識も高くなる。ひとりができるようになると、皆ができるようになってくる。
（ハンマー投げ　室伏広治）

Work●07-1　自分の能力を評価してみよう

「社会人基礎力」の各項目について、現時点でどれだけの能力を身につけているか、5段階で評価してみましょう。

ワークシート●07 ·· p. 141

3つの能力／12の能力要素	自己評価				
前に踏み出す力（アクション）	− ◀······················▶ ＋				
○主体性（物事に進んで取り組む力）	1	2	3	4	5
○働きかけ力（他人に働きかけ巻き込む力）	1	2	3	4	5
○実行力（目的を設定し確実に行動する力）	1	2	3	4	5
考え抜く力（シンキング）	− ◀······················▶ ＋				
○課題発見力（現状を分析し目的や課題を明らかにする力）	1	2	3	4	5
○計画力（課題の解決に向けたプロセスを明らかにし準備する力）	1	2	3	4	5
○創造力（新しい価値を生み出す力）	1	2	3	4	5
チームワークで働く力（チームワーク）	− ◀······················▶ ＋				
○発信力（自分の意見をわかりやすく伝える力）	1	2	3	4	5
○傾聴力（相手の意見を丁寧に聴く力）	1	2	3	4	5
○柔軟性（意見の違いや立場の違いを理解する力）	1	2	3	4	5
○情況把握力（自分と周囲の人々や物事との関係性を理解する力）	1	2	3	4	5
○規律性（社会のルールや人との約束を守る力）	1	2	3	4	5
○ストレスコントロール力（ストレスの発生源に対応する力）	1	2	3	4	5

振り返ってみよう

- 企業と大学生の認識のギャップについて、どのように感じましたか？
- 現在の自分が向上させなければならない能力は何ですか？
- 上の能力を向上させるために、あなたは何をすべきですか？

第**8**章

コミュニケーションするってなに？

——人間関係づくり

この章のねらい

●コミュニケーションの基本について考える。
●相手の立場に立ったコミュニケーションとは何かについて考える。
●自分自身のコミュニケーションスタイルについて考える。

第7章では「社会で求められる人材」について学びました。ここでは、キャリア構築の土台となるコミュニケーションについて考えましょう。

　コミュニケーションはよく「キャッチボール」にたとえられます。相手を無視して勝手にボールを投げたのでは、相手はボールを受け取ることはできません。また、受け取る側も、きちんと相手を見ていなければ、うまく受け取ることはできません。

　一生懸命伝えているのに、なかなか思いが伝わらず、イライラした経験はありませんか？　伝わらないのは、相手の理解力がないのではなく、伝え方を間違えていたり、誤解を招く伝え方をしているためかもしれません。

　お互いに言いたいことを話すだけがコミュニケーションではありません。「話をする側」と「聞く側」、双方向の情報交換が行われ、共通の認識を生み出すプロセスがコミュニケーションだといえるでしょう。相手の立場に立って伝える努力をすること、情報を受け取る力を身につけることが、スムーズなコミュニケーションにつながります。

　この章では、さまざまな視点から自分のコミュニケーションスタイルについて考え、相手の立場に立ったコミュニケーションとはどのようなものであるのかについて考えてみましょう。

Warm-Up 08-1　　バースデーライン

① 誕生日の早い順番に並んでください。1月1日からスタートして、12月31日までです。

② ただし、最初から最後まで声を出してはいけません。

③ 並び終わったら、順番に名前と誕生日を発表し、順番通りに並べたか確認しましょう。

> ### 振り返ってみよう
>
> ● 言葉を使わずに、どのようにして相手に誕生日を伝えましたか？
> ● 相手のどこを見ましたか？
> ● もし、手を使えなかったらどうしますか？

Warm-Up 08-2　　人間知恵の輪

① 6〜8人で円になって集まってください。

② 全員で円の中心に右手を出して、両隣以外の人と握手をしてください。

③ 左手を出して、すでに握手している人以外の人と握手をしてください。

④ 用意ができたら、他のチームの準備ができるのを待っていてください。

⑤ みんなの手がつながっているか確認をします。

　ギュっとつないで、隣の人にサインを送ってください。

　両手にギュッを感じたら「人間知恵の輪」の完成です。

⑥ みんなで協力してきれいな一重の円に戻しましょう。手を離してはいけません。

> ### 振り返ってみよう
>
> ● 知恵の輪を解く過程で、何が起こったかを考えてみましょう。
> ● あきらめて手を離した人はいませんでしたか？
> ● からまっている状態を見て、どう思いましたか？
> ● からまっているとき、自分は何をしましたか？
> ● 早く解けるように工夫したことはありますか？

Work●08-1　耳からの情報だけで折ってみよう

① 今から紙を配ります。

② 与えられた指示通りに紙を折ってください。

③ 目をつぶって、まわりの人を見ずに作業を進めてください。質問をしてもいけません。

④ それでは始めます。

　　1）折り紙を半分に折り、折り目をつけて、開いてください。

　　2）真ん中の線まで、上下に折ってください。

　　3）さらに、手前を半分に折ってください。

⑤ 目を開けて、周りの人と比べてみてください。

⑥ 出された指示をもう一度確認してみましょう。どこで違いが生まれたのでしょうか？

　　振り返ってみよう

　　●どのような形になりましたか？　あなたと同じ形の人はいますか？

　　●最初に折ったのは△でしたか、□でしたか？

Study●08-1　正確に伝えることのむずかしさ

● Keyword ●

五感
　視覚
　聴覚
　嗅覚
　味覚
　触覚

　　同じ情報を聞いているはずなのに、人によってそれぞれ受け止め方が違い、表現の仕方が違ったのではないでしょうか。また、確認作業を通して指示のあいまいさにも気がついたのではないでしょうか。

　　伝えられた情報の理解度は、その情報を送る側だけではなく、受け取る側の能力によっても大きく変わってきます。コミュニケーションの主導権は、メッセージを受け取る側にあるといってもいいかもしれません。

　　人間は、外界の状態や情報を目・耳・舌・鼻・皮膚を通して認識しており、その感覚を五感（視覚・聴覚・嗅覚・味覚・触覚）といいます。そうして得る情報の中で、視覚の占める割合は83％と大部分を占めており、聴覚は11％、嗅覚は3.5％、味覚は1.5％、触覚は1％といわれています。

　　目を閉じて折ることで、同じ情報を受け取ったはずなのに違った結果が生じました。得ることのできなかった情報の多さから、耳で話を聞きながら、実際には目で多くの情報をキャッチしていることがわかりますね。普段はなかなか気が付かないかもしれませんが、手で感じて得られる情報の多さにも気が付いたことでしょう。

理解されるということは、一種の贅沢である。　　　　　（思想家　ラルフ・ワルド・エマーソン）

① 2人1組になってください。じゃんけんをして A さん役と B さん役を決めてください。

② A さんは「先週の日曜日にしたこと」について、B さんに話をしてください。

③ B さんには、今から A さんが話をしている間に実行してほしいことを書いたアクティビティ・カードを配ります。カードに書いてあることを確認して、実行してください。

④ スタートの合図で始めてください。時間は3分です。

⑤ 終わったら、ワークシート 08 を完成させてください。

⑥ A さんと B さんで書いた内容を話し合ってみましょう。

ワークシート●08 ･･ p. 143

> **A さんの振り返りシート**
> 話をしている間、B さんがしていたことで「気になったこと」を書きだしましょう。
>
>
>
>

> **B さんの振り返りシート**
> 今、あなたが指示されたことのなかで、あなたが話をしているときに無意識にしていると思ったことは何ですか？
>
>
>
>

● どんなことをされましたか？ どんな気持ちになりましたか？

● 自分の無意識の「ながら聞き」に気がつきましたか？

 交渉で成功するには、口を動かすことより耳を働かせることのほうが、はるかに重要である。
（フランスの外交官　フランソワ・ド・カリエール）

言いっぱなしや聞きっぱなしでは、情報の共有はできません。メッセージが正確に伝わっているのか、相手が正確に理解したかをきちんと確認し、お互いのもつ情報のズレと思い込みを最小限に抑える努力をしましょう。

Study●08-2　「聞く」と「聴く」のちがいを知ろう

● Keyword ●
傾聴
ホウレンソウ
　報告
　連絡
　相談

聞　く

自分にとって必要で、有用な情報を耳に入れること。

解字：「門」がまえに「耳」
門は自分を表し、その中にある耳で聞く＝自分にとって都合のよい聞き方になる。

聴　く

相手の発言を注意して受容し、相手の心を感じ取るように心を集中させてきくこと。

解字：「耳」へんに十四の「心」
耳だけではなく、心で相手の心を聴く、相手を尊重した聴き方になる。

英語も、「聞く」は hear、「聴く」は listen という違いがあります。聴くこと＝傾聴とは、相手の話と考えに100パーセント耳を傾けることを意味します。まず相手の伝える情報をしっかりと受け止めてから、自分の思いを伝えましょう。何かをしながら聞くのではありません。

聞く側が興味、関心を持って、しっかりと聞いてくれているとわかれば、話をする側も気持ちよく落ち着いて話をすることができます。情報の共有度が上がり、お互いの理解が深まるというのが傾聴の効果であると言えるでしょう。話し手の発言を尊重した聴き方を心がけましょう。

Study●08-3　ホウレンソウのできる人になろう

社会で求められるコミュニケーション能力で、よく耳にするのが「ホウレンソウ（報告・連絡・相談）のできる人」です。会社に入ると、ペアやチームで1つのプロジェクトに取り組むことが多くなります。口頭や文書による

column
口は1つで、耳は2つなのはどうして？

ユダヤ教のタルムード Talmud（今日のユダヤ教の生活や信仰のもととされる宗教的典範）には、「人間は口が1つなのに耳が2つあるのは、話すことの2倍聞かなければならないからだ」と述べられています。相手ときちんと向き合い、目を見てきっちりと話を聴くことがよりよいコミュニケーションへの一歩です。聴き上手になりましょう。

共感は全世界の人間を親族にする。　　　　　　　　　（劇作家　ウィリアム・シェイクスピア）

● Keywords ●
パーソナルスペース
心理的距離

報告など手段はさまざまですが、スムーズに仕事を遂行するために必要な情報共有のコミュニケーションが重要となる場面にたくさん出会います。進捗状況の報告、「あれ？ おかしいな」「ん？ わからない」と思ったことは放っておかずに連絡、相談するようにしましょう。質問や疑問は早めに解決することが、適切な処理につながります。

大学生活も同じです。高校のように担任の先生はいませんが、ゼミや履修科目の担当教員、所属学部の事務職員など、あなたをサポートしてくれる人はたくさんいます。積極的なホウレンソウを心がけましょう。

Study●08-4 　エドワード・ホールのパーソナルスペース

最初の Warm-Up 08-2 のアクティビティで行った「人間知恵の輪」で、知らない人と手をつないだとき、知恵の輪を解く過程で知りあって間もないクラスメイトと距離が近づいたとき、あなたはどのように感じましたか。

話をしているとき「この人、なんだか距離が近いな」と感じたことはありませんか。電車で座席が空いていたら、どのくらい離れて座りますか。端の座席から埋まり、次に来た人は真ん中あたりに座ることが多いのではないでしょうか。他にも座席が空いているのに、隣に座られて不快に思った経験がある人もいると思います。

それは、人はそれぞれ異なるパーソナルスペースを持っているからなのです。パーソナルスペースとは、コミュニケーションをとる相手が自分に近づくことを許せる距離や、自分の周囲の空間のことを指します。心理的距離とも言われ、心理的なわばりに他の人が侵入してくると、人は不快に感じたり、緊張状態になったりします。反対に、親しい相手や好意を寄せている相手であれば、容易に受け入れることができます。相手に応じて、その距離感を使い分けているのです。

column
コミュニケーション
の語源

英語の communicate（コミュニケーションをとる）という言葉は、もともとラテン語の communicare（知らせる）、communico（共有する）という動詞からきていて、共に communis＝common（共有の）という言葉に由来します。知識や情報を共有するためには、「分かち合うこと」が重要であるということを意味しています。コミュニケーションは一方通行のものではなく、自分の気持ちや考えを表現するとともに、相手のことを理解するという双方向のものであることがわかります。

 人間関係というのは、相手との距離さえ置けばうまくいく。もめるのはその距離を越えようとするからだ。
（作家　連城三紀彦）

TPO
その場にふさわしい服装をすることを「TPO に応じた服装」と言うことがある。TPO は Time（時間）、Place（場所）、Occasion（場合）の頭文字をとった和製英語。

　アメリカの文化人類学者のエドワード・ホールは、自分と相手との関係を密接距離・個体距離・社会距離・公衆距離の 4 つの距離帯に分類しています。

　パーソナルスペースには文化による違いもあり、一般的に、欧米人は日本人よりもパーソナルスペースは狭く、男女では女性の方が男性よりも狭いとされています。TPO に合わせたパーソナルスペースを意識して相手と接することも、心地よいコミュニケーションにつながります。

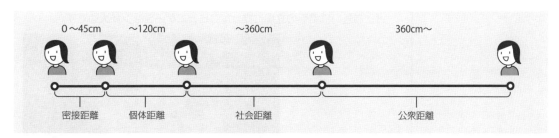

エドワード・ホールの 4 つの距離帯

密接距離（0〜45 cm）	夫婦や恋人といった、きわめて親しい者同士の距離のこと。触れようと思えば相手に触れられる距離。
個体距離（45〜120 cm）	「友人の距離」ともいわれ、相手に触れるのにどちらか一方が片手を伸ばせば届く距離から、双方が手を伸ばして届く距離。
社会距離（120〜360 cm）	仕事上の付き合いなど、形式的・儀礼的なやり方をする距離のこと。身体に触れることはできない距離。
公衆距離（360 cm〜）	講演会や公式な場での対面のときにとられる距離で、相手と個人的関係はない距離。

Study●08-5　あいさつのパワー

● Keyword ●
密接距離
個体距離
社会距離
公衆距離
TPO
あいさつ

　朝起きてから、この教室に入るまでの間に、どれだけの人に出会い、どれだけの人にあいさつをしましたか？ 隣の家のおばさん、自転車置き場のおじさん、地元の駅の駅員さん、大学で会った友達や先生……たくさんの人と顔を合わせていますよね。

　コミュニケーションの始まりはあいさつです。「あいさつに始まり、あいさつに終わる」という言葉があるように、相手との関係づくりの第一歩と言えるでしょう。相手の年齢や立場、状況に応じたあいさつを心がけましょう。大学の先生に「おっす！」ではいけませんね。

　「おはよう！」「こんにちは！」のたった一言が、人間関係の築きにつながります。あいさつされることを待つのではなく、自分から進んで積極的に最

　美しい笑いは家の中の太陽である。　　　　　　　（小説家　ウィリアム・メイクピース・サッカレー）

初の一言を出してみましょう。相手も意外と待っているかもしれません。大きな声で、明るく、元気に、ハキハキと！ あいさつの持つパワーに気づいてください。

いつも相手を意識しよう

コミュニケーションは相手あってのものです。話し手の視点で聴く、聴き手の視点で話す、読み手の視点で書く、書き手の気持ちで読むなど、お互いに相手の立場に立ったコミュニケーションが大切です。

ワークのとりまとめにもコミュニケーションが不可欠。グループの意見をうまくまとめよう。

さらに学びたい人のために 役に立つ情報

佐々木圭一 『伝え方が9割 2』
ダイヤモンド社 2015年

同じ内容であっても、ことば次第で結果が変わってくるのはなぜか。自分の頭の中をそのままことばにせず、効果的に伝える方法について学べる本。『伝え方が9割』と共にマンガ版もある。

古宮 昇 『マンガでやさしくわかる傾聴』
日本能率協力マネジメントセンター 2017年

コミュニケーションの場面で重要な「聴く力」と人の心理をマンガで解説。

スティーブン・R. コヴィー、ジェームス・スキナー／川西茂訳
『7つの習慣 ― 成功には原則があった！』 キングベアー出版 1996年
『まんがでわかる7つの習慣』
フランクリン・コヴィー・ジャパン監修 宝島社 2013年

会社や家庭、人間関係など、私たちの人生のすべての大切な側面を取り上げ、幸せと成功を手に入れ、効果的に生きるための7つの習慣を紹介している。1900年に初版が販売されて以来、今でも人気のビジネス書の1つ。

 友を得るには、相手の関心を引こうとするよりも、相手に純粋な関心を寄せることだ。

（実業家　デール・カーネギー）

第9章 # 自分を発見しよう
――自己分析(1)

この章のねらい

●他者との理解の相違を理解する。
●多角的な視点でみることを学ぶ。
●つながりを発展させる力を身につける。

第8章では伝え方、伝わり方について学びました。
ここでは自分を伝えるための材料を集めましょう。

　就職活動準備を始めると必ずといっていいほど自己分析という言葉を耳にします。では、自己分析とは一体何なのでしょうか。自己分析と就職活動とはどんな関係があるのでしょうか。また、なぜ自己分析をしなければならないのかと疑問に思うかもしれません。

　就職活動になぜ自己分析が必要なのかを考える前に、就職活動の場面を想像してみましょう。就職活動生が必ず通る場面は大きく2つあります。1つは履歴書およびエントリーシートの作成です。そしてもう1つは面接です。これらはどちらも相手（就職活動の場合は就職したい企業）があなた自身を知るためのものですが、言いかえればあなたが相手（就職したい企業）にあなた自身を売り込むための場ともいえます。

わたくしは
………。

こうした場においてあなたを売り込むためには、あなたについての詳しい情報が必要となります。しかし、急に「あなたはどんな人？」と聞かれると、明確に答えるのはなかなかむずかしいのではないでしょうか。

　そこで自己分析をすることで、自分自身を売り込むための情報＝材料を明確にしていくことができます。本章では、自分自身を売り込むための情報を明らかにしていきましょう。

すごろくで自己紹介

① 4人1組になってください。

② じゃんけんをして順番を決め、STARTの位置にコマを置いてください。

③ マスの内容をグループで確認してください。

④ 自分の右隣の人の名前をワークシートに記入しましょう。

⑤ サイコロをふって、出た目の数だけ進みます。

⑥ 止まったマスの質問を右隣の人にして、答えをワークシートに記入しましょう。

⑦ 全員がゴールをするまで続けてください。

⑧ 終わったら、右隣の人についてグループメンバーに紹介してみましょう。

振り返ってみよう

● ゲームを通して、改めて自分がどのような人であるかわかりましたか？
● メモをするときに気をつけたことは？

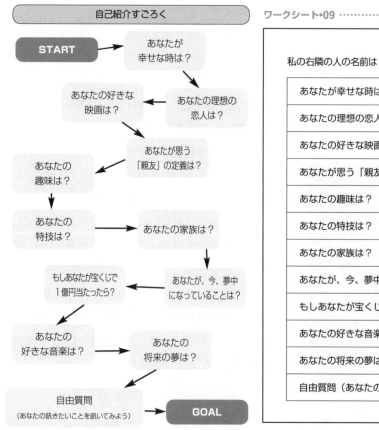

自己紹介すごろく

START → あなたが幸せな時は？ → あなたの理想の恋人は？ → あなたの好きな映画は？ → あなたが思う「親友」の定義は？ → あなたの趣味は？ → あなたの特技は？ → あなたの家族は？ → あなたが、今、夢中になっていることは？ → もしあなたが宝くじで1億円当たったら？ → あなたの好きな音楽は？ → あなたの将来の夢は？ → 自由質問（あなたの訊きたいことを訊いてみよう） → GOAL

ワークシート●09 ・・・・・・・・・・・・・・・・・・・・・・・・・・・ p. 145

私の右隣の人の名前は ＿＿＿＿＿＿＿＿＿＿ です。

あなたが幸せな時は？
あなたの理想の恋人は？
あなたの好きな映画は？
あなたが思う「親友」の定義は？
あなたの趣味は？
あなたの特技は？
あなたの家族は？
あなたが、今、夢中になっていることは？
もしあなたが宝くじで1億円当たったら？
あなたの好きな音楽は？
あなたの将来の夢は？
自由質問（あなたの訊きたいことを訊いてみよう）

Work●09-1　見た目で判断

下の写真は就職活動で必ず行われる「面接試験」の一風景です。

姿勢は
どうかな？

何の勉強を
していそう？

緊張してる？

① 写真から気づくことを書き出してみましょう。

② 真ん中に座っている人はどんな性格の人だと思いますか？　写真から想像してみましょう。

振り返ってみよう

●視覚だけで得ることができる情報で充分相手のことを理解できましたか？

Study●09-1　目の情報は絶対？

　あなたは写真から大きさや色、姿、形といった量的（quantity）な情報を得ることができます。そして私たちはその情報をもとに、活発そうな人、几帳面そうな人と想像することができます。しかし一方で、写真という視覚からの情報だけでは、やわらかさや動き方、これまで体験してきたことや感じたり考えたりしたことといったこの人自身が持っている経験や、品質や性質といった質的（quality）な情報を得ることはできません。このように、私たちは視覚だけでは伝えきれない要素をたくさん持っています。

　ところが、就職活動において採用担当者と接する場面では、上の写真のように皆同じようなリクルートスーツを着用し、指定された椅子に座る姿勢での面接が主流です。面接時にハイ、イイエのみの受け答えをすれば、先ほどの写真と同じであなたの一部の情報しか伝わりません。しかし、面接では質問を通じて会話を行うことで、視覚と聴覚を用いてあなたの情報を伝えることができます。聴覚の活用に向けて、「あなた」の情報を整理していきましょう。

 楽天は人を成功に導く信仰です。希望がなくては何事も成就しません。

Work●09-2 　筆箱の中身はどうなっている？

① あなたの筆箱の中にはペンが何本入っていますか？　筆箱の中身を見ずに 10 秒以内で答えてください。

本

② 実際に何本入っているのかを確認してみましょう。

③ あなたの筆箱の中にペンは何本入っていましたか？　10 秒以内で答えてください。

本

振り返ってみよう

● ①の本数は②の本数とどれくらい違いましたか？

Study●09-2 　「ムイシキ」を「ニンシキ」に変えよう

　　Work 09-2 の① の質問で答えた本数と、③ の質問で答えた本数を比べると、どちらの方が実際の本数に近い答えでしたか？　また、① の質問では１本単位まで自信を持って正確に答えることができましたか？　「○本くらい」という認識だったのではないでしょうか。一方、③ の質問では正確に「△本」と答えることができたと思います。

　　その理由は２つあります。１つは、③ の質問は２度目の質問であり、② の作業時に実際の中身を確認する機会を持つことができたからです。もう１つは自分で意識して中身を認識したことで、頭の中から必要な情報がすぐに取り出しやすくなっていたからです。

　　これを就職活動の面接に置き換えると、突然話の内容が変わって前置きなく面接官から質問される場面に該当します。このような質問には突然だからうまく答えられない、と心配する声を聞きます。あわてないで答えるためには準備が必要です。面接で答えるときの情報となる材料を、事前にたくさん準備しておけば余裕を持って答えることができます。しかし、自分についての情報は筆箱の中身と同じように、持っていてもふだんは意識していないことが多く、とっさに説明することができません。自分についての無意

才能は隠れているものだから、出かけていって見つけなければならない。
（寓話作家　ジャン＝ピエール・クラリス・ド・フロリアン）

● Keyword ●

面接
事前の準備
マインドマップ

識を認識に変える習慣を身につけて、情報のストックを増やしておきましょう。

　また、面接で質問される内容には必ず「あなた自身に関する項目（もの）」が含まれています。ここでは見た目だけの情報ではなく、「話してみてわかる」情報が活きてきます。話の内容以上に、どう伝えるかが重要です。面接はあなたを相手に売り込む機会であり、自己アピールとはあなたの「ほめられポイント」を他者に伝える行為といえます。応答や発表の機会はそのための貴重なトレーニングです。自己紹介や、授業で発言する場面で伝えたいことを落ちついて話すために事前の準備は大きな力を発揮すると同時にあなたをバックアップしてくれます。「事前の準備」を意識し、実行してみましょう。

Study●09-3　マインドマップで情報を広げよう

　他者を知る手がかりには「見てわかること」と「話してみてわかること」の2種類があることに気づきました。就職の面接では一目ではわからないことを伝えることが重要です。つまり、「一目見ただけでは理解できない私」の情報を伝えることが求められているのです。

　次頁の Work 09-3 では、他者に「一目見ただけでは理解できない私」を伝えるための情報の元となる材料をつくります。これまで経験してきたのに自分の中で見えなくなって埋もれてしまっている「埋蔵宝」を発掘しましょう。

　Work 09-3 で作る図はマインドマップ®とよばれるものです。マインドマップはイギリスの教育家であるトニー・ブザンが発明した欧米式思考法です。彼は、レオナルド・ダ・ヴィンチやアインシュタインら天才と呼ばれる人達に共通するノートのとり方から、この思考法を開発しました。

　Work 09-3 では○の中のテーマに「私の好きなこと」と書き入れ、キーワードを延ばしていきますが、○の中にはレポートの題名や資格取得を目指すなどの目標、打ち合わせの内容など、さまざまな目的を設定することができます。またマップにすることで、新しいアイデアが次々と生まれたり、何が必要かを判断しやすくすることで作業効率もぐっとアップしたりします。日常生活の中にも応用して使ってみましょう。

今、あなたのうえに現れている能力は氷山の一角。真の能力は、水中深く隠されている。
（作家　宇野千代）

① A4 の白い紙を準備しましょう。

② 紙を横向きに置き、真ん中に「私の好きなこと」と書き、下の図のように○で囲みましょう。カラフルなペンを用いたり、イラストを描いたりしてもいいでしょう。

③ 下の図を参考にしながら、○を中心に関連線をのばし、あなたの「好きなこと」を書きましょう。関連線ひとつに好きなこと（キーワード）はひとつです。2つ以上になるときは、別の関連線を引くか、黒丸をつけて、その先に関連線を枝分かれさせましょう。

④ できるだけ細かく、具体的な好きなことをどんどん書き加えましょう。

⑤ 関係する事柄や、そこから思い出したこと、思いついたことがあれば、どんどん自由につなげ、広げていきましょう。内容に正解、不正解はありません。色を塗ったりイラストを加えたりしながら自由に書きつなげていきましょう。

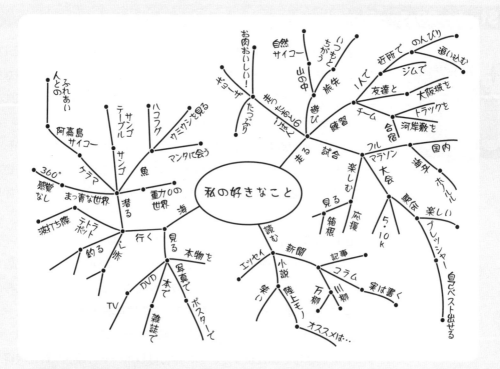

振り返ってみよう

- 周囲の人とどんなことが好きかシェアしてみましょう。
- 相手の「ほめられポイント」を見つけてほめましょう。
- いちばん「いいね」と思った項目に「★」印をつけてほめ、コメントしましょう。
- 初めて知った「へぇ〜」や「すごいなぁ」と思った項目を見つけ、「！」印をつけてほめ、コメントしましょう。

 ほとんどすべての人間は、もうこれ以上アイデアを考えるのは不可能だというところまで行きつき、そこでやる気をなくしてしまう。いよいよこれからだというのに。　　　（発明家　トーマス・エジソン）

Study●09-4　Open な自分を拡大しよう

● Keyword ●

ジョハリの窓
開かれた窓
隠された窓
気づかない窓
未知の窓

　この章を通じて、あなたが他者を認識する時、逆に他者があなたを認識する時、まず視覚を使って「目に見える」情報を得ることがわかりました。しかし、「目に見える」情報は、他者が「見える」範囲で認識できるあなたの一部だけで、あなたの持っている知識や経験は含まれていません。自分が知っている自分を他者にわかってもらうためには、自分が自分自身をよく知っていることが必要ですが、それにも自覚やトレーニングが必要です。

　ジョハリの窓とよばれる対人関係の気づきモデルを紹介しましょう。私たちはジョハリの窓を用いて、自分の姿が自分や他の人からどのように見えているかを４つの窓に分けて認識し、「自分への理解」という気づきを得ることで自己成長につなげることができます。

　Warm-Up 09 や Work 09-3 で書き出した「私」を周りの人に紹介してみましょう。「へえ〜」や「すごい」「意外。こんなこともしてるんだ」という反応が返ってきたら、それはあなたの「ほめられポイント」につながります。私たちは、自分は知っているけれど他人は知らない HIDDEN　隠された窓にあった、自分だけが知っている自分の好きなことを、自分も他人も知っている OPEN　開かれた窓に移行させることで「ほめられポイント」に変えることができます。また、BLIND　気づかない窓にあった、自分ではあまり意識していなかったことがほめられることで OPEN　開かれた窓に移行させることができます。自分のことを相手に伝える（自己開示）、そして、相手から自分では気づいていない自分を伝えてもらうことで、自分も相手も知っている OPEN　開かれた窓ゾーンを拡大していくことができます。相手とコミュニケーションをとり、OPEN　開かれた窓の明るい窓を広げて自己を成長させていきましょう。

さらに
学びたい人のために
役に立つ情報

トニー・ブザンほか著／近田美季子訳
『**新版　ザ・マインドマップ**』ダイヤモンド社　2013 年
・・
本章 Work 09-3 で行ったマインドマップの発明者であるトニー・ブザンの解説書。読むだけではなく、実際に挑戦して繰り返しマップを作ることで自分の力になる。将来の夢に向かって関連すること、旅行の計画などさまざまな事柄を中心に置いて、どんどん体験してみよう。

　"垣根" は相手が作っているのではなく、自分が作っている。　　　（哲学者　アリストテレス）

最初のあなた

他人＼自分	自分はわかっている	自分はわかっていない
他人は わかっている	OPEN 開かれた窓	BLIND 気づかない窓
他人は わかっていない	HIDDEN 隠された窓	UNKNOWN 未知の窓

「ほめられポイント」を得たあなた

他人＼自分	自分はわかっている	自分はわかっていない
他人は わかっている	OPEN 開かれた窓	BLIND 気づかない窓
他人は わかっていない	HIDDEN 隠された窓	UNKNOWN 未知の窓

　　最後の UNKNOWN　未知の窓には可能性が詰まっています。自分では思いつかなかった新しいことや、興味がない、食わず嫌いのように避けていたことに挑戦することで、自分も他者も気づいていない才能や能力を発見することができます。一歩踏み出してみましょう。

Think

ほめる達人になろう

　　もし、本人やあなた以外の人達が気づいていない発見をあなただけが気づき、ほめることができたら、あなたは「ほめる達人」です。
① 相手をよく観察しよう。誰もが口にすることだけではなく、具体的なポイント、キラリと光るポイントに注目しよう。
② 否定せず、さらにプラスへと発展させよう。
③ 広げることに困ったら「発見の疑問詞」what、why、how を使ってみよう。

Good！
Thanks！

自分を過大評価する者を、決して過小評価してはならない。
（第32代アメリカ大統領　フランクリン・ルーズベルト）

第10章 自分を売り込もう
──自己PR(1)

この章のねらい

●自分の長所を知り、企業にアピールできる表現について学ぶ。
●マイナスをプラスに変える自己PRの書き方について学ぶ。
●企業が求める人材を意識した自己PRを書く。

> 第9章では、自己分析をおこない、自分を売り込むための情報を整理しました。ここでは、第7章で学んだ社会で求められる人材について考えながら、相手（企業）の立場を意識した「自己PR」の書き方を学びましょう。

　テレビコマーシャルでは、限られた時間で最大限に自社の製品を売り込むため、消費者の立場に立って情報を提供します。就職面接もコマーシャルに似ています。就職試験では、社会で求められる人材像を知り、ニーズを把握した上で、相手を満足させうる商品として自分自身を売り込むことが求められます。そのためには相手が何を知りたがっているのかを把握したうえで、自分のことを的確に伝える必要があります。

　自分に焦点を当て、アピールする **I コミュニケーション**から、相手の求めることを意識した **You コミュニケーション**へと発展させることで、相手との距離は縮まっていきます。

　この章では、それらをさらに発展させ、自分の伝えたいことと、相手が求めることが重なった時に生まれる **We コミュニケーション**について学びましょう。

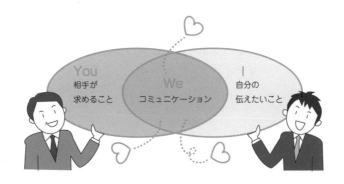

この商品はいったい何だろう？

ヴィレッジヴァンガード
「遊べる本屋」を自称する複合型書店。本やCDのほか多くの雑貨を扱い、ユニークな品揃えに加え、店員の手書きPOPが人気。2018年5月現在、全国358店舗を展開。

Village Vanguard の POP（宣伝文句）をみて、商品の宣伝文句・売りポイントに注目をしてみましょう。商品と宣伝文句をつなげてください。

宣伝文句（POP）　　　　　　　　　　　　　　　　　商品名

①春を先取り！　当てるのは君だ！　●　　　●　超スプーン曲げ

②あとは気力　●　　　●　あごシェイプローラー

③見えてもいいんです　●　　　●　レインブーツ

④○⇒▽　簡単に言うとこんなんです　●　　　●　ウォールポケット

⑤頭下げるのが仕事だからね　●　　　●　アルバム

⑥鮮度バツグン！　色つやいいんですよ　●　　　●　ジェンガ

⑦12 コもありゃじゅうぶんでしょ？　●　　　●　福袋

⑧雨の日だけじゃもったいない　●　　　●　ひょう柄見せパン

⑨今夜も世界征服　●　　　●　ボディーシェイプローラー

⑩消した過去はここに　●　　　●　ミニ現場ボード

⑪安定を求めたいなんてムリさ…　●　　　●　臓器ポーチ

⑫子供の頃からの夢叶えてみせます！　●　　　●　世界大陸ディッシュ

振り返ってみよう

● 印象に残ったキーワードは何ですか？

● 何ができる？　何を売りにしている？　モノの機能について考えてみましょう。

Study●10-1　さまざまな視点で見てみよう

　　ルビンの壺（Rubin Vase）は、デンマークのE. ルビンによって発表された錯視現象を利用した有名な絵画です。あるときには「白い壺」に見え、あるときには2人の人影が向かい合っているように見えますね。いろんな角度から物事を見ると違うものが見えてきたり、逆に同じものが異なって見えてくることに気づきましょう。

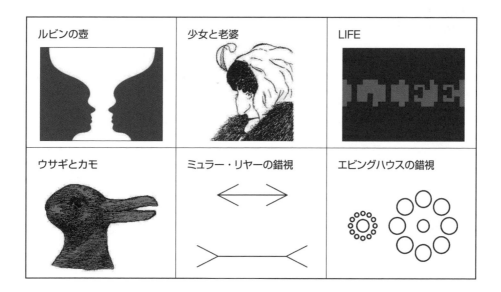

| ルビンの壺 | 少女と老婆 | LIFE |
| ウサギとカモ | ミュラー・リヤーの錯視 | エビングハウスの錯視 |

Work●10-1　もし私が○○だったら？

　自分を商品（モノ）に置き換えて、自分の長所を宣伝してください。「もし私が○○だったら△△ができる！」というように、自分の機能や可能性をアピールしてみましょう。

① 今から商品カードを配ります。1枚選んでください。

② 友達と交渉して、カードの交換をしてもかまいません。

③ 自分を商品に例えて、宣伝カードを書いてください。

ワークシート●10-1 ……………………………………………………………………………………… p. 147

わたしは（　　　　　　　　　　）の

● _____ のように _____。
● _____ のように _____。
● _____ のように _____。
● _____ のように _____。
● _____ のように _____。
● _____ のように _____。

振り返ってみよう

● まわりの人と比べてみましょう。

● 他の人の商品のどのような機能があなたの強みと似ていますか？

　どんな商品でも、それを取り扱う者が、自分でも買いたいと思わないような商品は落第である。

（元日本楽器社長　川上嘉市）

● Keyword ●

自己PR
言葉のマジック

自己PRを書くときに「私は決断力がない」「優柔不断である」など、短所を並べる人はいませんね。「物事に真剣に取り組む」「慎重に対応し過ぎる」と言い換えたらどうでしょうか？ プラスとマイナス、長所と短所は表裏一体です。長所も行き過ぎると短所になるし、短所もうまく言いかえると長所になるのです。短所を並べて「そんな人ならいらない」と思わせるのではなく、「この人ならぜひ採用したい」と思わせる、自己PRで使える言葉のマジックについて学習してみましょう。

Work●10-2 **マイナスをプラスで表現しよう**

マイナスの印象を受ける表現をプラスの言葉に変えてみましょう。

マイナスの表現	➡	プラスの表現
〈例〉決断力がない	⇨	慎重に対応し過ぎる
飽きやすい	⇨	
おとなしい・シャイ	⇨	
無口	⇨	
	⇨	
	⇨	
	⇨	
	⇨	
	⇨	
	⇨	
	⇨	
	⇨	
	⇨	
	⇨	
	⇨	
	⇨	

寄り合いにくき人と寄り合いてみよ。必ず徳あるべし。 （鍋島藩主　鍋島直茂）

Study●10-3　ピンチはチャンス

Work 10-2 で練習したように、言葉の引き出しをたくさん持つことは重要です。言葉もそうですが、自分の体験も同じこと。失敗から学ぶこともたくさんあるはずです。マイナスのエピソードも、プラスの気づきになるのです。

たとえば…　アルバイトで遅刻

→アルバイト先で説教される　→社会人としてのルールを知る

→時間は信頼の証だと気づく

Study●10-4　「あれもこれも」と欲ばらない

相手に必要のない情報を与えすぎることは NG です。相手が何を知りたがっているのか、どのくらい知りたがっているのかを把握して、相手が必要としている情報に絞り込んで伝えることが大切です。相手（企業）の期待に応えるメッセージを読み手の視点で書いて、「他の人とは違う」ことを上手にアピールしましょう。長ければいいというものではありません。いらないものは削って、すっきりとさせましょう。印象深いメッセージを簡潔に伝えることが重要です。

Work●10-3　自己 PR を書いてみよう

　以下に挙げた 3 つの企業の「求める人材」の中から、あなたが行きたい企業を 1 つ選んで、自己 PR を書いてみましょう。相手の needs や wants を出発点として、自分が「求められている人材に合う」ことを伝える練習です。自分の「できる」を相手の求める情報に合わせて整理してみましょう。

○○旅行社
- お客様の声に耳を傾け、お客様の歓びを創ることに努力を惜しまない人。
- 常に全体のことを考えて、行動を起こせる人。
- さまざまなものの見方や意見を柔軟に吸収して、視野を広めていける人。

□□商社
- 多様性を尊重し、語学力だけではないグローバルな視点をもった人。
- 向上心をもって目標に向かって頑張ることのできる人。
- 自ら積極的に物事に取り組むことのできる自主性をもった人。

△△自動車
- 困難な場面でも、地道に取り組み、やり抜く力のある人。
- 他の人の意見や価値観を尊重し、チームで働くことができる人。
- まだない価値や感動を形にすることができる創造力をもった人。

相手を納得させる術というのはビジネスでいちばん大切な術だ。　（ソニー創業者　盛田昭夫）

ワークシート•10-2 ・・・・・・・・・・・・・・・・・・・・・・・・・・・・・・・ p. 147

〈例〉

選んだ企業　　□□商社

あなたが選んだ企業が求める人材のキーワード

多様性、グローバルな視点、向上心、積極性、自主性

自己PR
大学3年生の時に、海外留学奨学生としてアメリカへ1年間留学しました。留学中は語学の習得だけではなく、クラスメートやホームステイ先の家族、近所の方々などとの交流を通じて多様な文化に触れる中で多くのことを学び、同時に日本文化の特質を見直すことができました。相手の主張を理解した上で、いかに自分の意見を適切に伝えるかという、多民族国家ならではのコミュニケーションの仕方や、自ら考え、積極的に行動する姿勢、つねにユーモアと笑いを忘れない姿勢などを学んだことは貴重な財産となりました。帰国後は国際交流のボランティアに参加して、国境を超えたコミュニケーション作りに取り組んでいます。卒業後は、日本の技術力や製品の優秀さを世界中の人々に伝える仕事ができればと考えています。

Think

敵を知る、己を知る

　ゲームなどでは攻略本を使って、試験では対策問題集や過去問を使って相手を研究しますよね。就職における自己PRや志望動機などを考える際にも、相手の傾向を知り、その対策を万全に練ることが大切です。

企業が重視する能力については ⇨ p. 61

　第7章のStudy07-2で見たように、語学力はみなさんが思っているほど「企業が求める能力」の上位には入ってきていませんでした。しかし、TOEICや中国語検定など、自分の語学力を証明できるスコアを取得することは、そこに至るまでの努力の証として、評価にもつながるので、無駄ではありません。また、就職に必要な資格があるとわかってから慌てて試験などを受けても、すぐに思うような結果を出すことは困難です。できるだけ早い時期から計画的に学習することで、望む結果を得ることができます。企業について知り、企業の求める人材について知り、求める人材に近づくために、今、自分ができること、準備しておくべきことは何かを考えましょう。

いつも何かを模索し、何かを求め、手をさしのべておかないと運は降りてこない。　　（作家　伊集院静）

第11章 自分がどう見られているか考えよう

——自己PR(2)

この章のねらい

●自己PRの書き方を学ぶ。
● 30秒で自己PRができるようになる。
●非言語コミュニケーションについて考える。

第10章では、自分の長所を知り、売り込むための
材料を整理しました。ここでは、自分の「できること」
を限られた時間と文字数で表現する練習をし、自分
を上手くアピールする方法について学びましょう。

　テレビのコマーシャルは長くても30秒。たった数十秒に企業は多くのお金と時間
を費やしています。限られた時間内に、キャッチフレーズやCMソングなどをうま
く取り入れ、30秒を最大限に利用して自社の製品を売り込んでいます。

　就職活動では、履歴書やエントリーシートの「限られたスペース」で、自分を表現
しなければなりません。面接の「限られた時間」で自分をアピールしなければなりま
せん。「限られた」なかで、自分を知ってもらうためにできることはなんでしょうか？

　この章では、今、自分ができること、自分の持っている能力や特技、興味などを整
理し、自分を上手にアピールする、相手に自分をもっと知りたいと思わせる「自己
PR」の方法について考えてみましょう。

1分ってどのくらいの時間？

① 目をつぶってください。

② 今から10数えます。リズムを覚えてください。

③ 合図があったら心の中でカウントを始めて、1分たったら目を開けてください。それでは始めます。

振り返ってみよう

● どのくらいオーバーしましたか？
● どのくらい足りませんでしたか？
　自分の時間感覚と他の人の時間感覚のズレを意識しましょう。

Work●11-1　あなたを表すキーワード

今から30秒で「あなたを表すキーワード」をできるだけたくさん書いてください。

振り返ってみよう

● いくつ書けましたか？
● あと10分あれば、もっとたくさん書けますか？

Study●11-1　自分を上手にアピールしよう

● Keyword ●

自己紹介
自己PR

　自己紹介と自己PRの違いはなんでしょうか。自己紹介は、生年月日、生い立ち、大学名やクラブ活動といった所属などを含んだもので、自己PRは、自分の性格や持っている特技・資格、さまざまな経験などを用いて自分をPRするためのものです。

　名前を変えれば他の人も使いまわせる、そんな自己PRではいけません。あなただけのものにすることが重要です。気がつけば、単なる自己紹介や所

振り返らずに後ろを見るのと同じくらい、自分自身を見つめることは困難だ。
（作家　ヘンリー・デイヴィッド・ソロー）

属しているクラブの紹介、アルバイトの仕事内容の説明になっている、というのがありがちな自己PRです。また、自分に関する情報はすべて伝えなくてはいけないと欲張り、何が一番伝えたいことなのかがわからなくなってしまっているものもよくあります。

　キャッチフレーズで「おっ！」「何だ？」と思わせて、相手の興味を引くことが大切です。最初の1行が肝心だといえるでしょう。自己PRの目的は何か？　伝えたいことは何か？　をつねに意識して、これだけは伝えたいと思う重要なポイントに絞ってPRすることが大切です。

Work●11-2　自己PRのネタ集め

PRポイントを書きだし、それをサポートする具体的なエピソードを書きましょう。
各PRポイントについて、それぞれ3つずつ書いてみましょう。

ワークシート●11-1 ··· p. 149

	PRポイント	エピソード1	エピソード2	エピソード3
＜例＞	思い立ったらすぐに行動する	大学祭実行委員になりたくて、学生課を訪問	学食の改善を求めて、学長に提案書を提出	アメリカ留学に参加
1				
2				
3				

Work●11-3　自己PRのネタを整理しよう

　Work 11-2に挙げたエピソードの中から、もっとも内容が充実していると思うものを1つ選び、3W＋1H＋FEELでPR文章を整理しましょう。

ワークシート●11-2 ··· p. 149

WHEN いつしたのか？	
WHAT 何をしたのか？	
WHY どうしてしたのか？	
HOW どのようにしたのか？	
FEEL どのように感じたのか？	

幸福な生活をするのに必要なものはほとんどない。それはあなた自身の中、心のもちようにある。
（政治家　マルクス・アウレリウス）

自己 PR を文章にしてみよう！（250 文字以内におさめましょう）

| | | | | | | | | | | | | | | | | | | | |
| 50 |
| 100 |
| 150 |
| 200 |
| 250 |

　大学 4 年生になって、就職活動のためにいきなりネタを集めるのでは間に合いません。大学 4 年間で意識的にネタづくりをしましょう。

Work●11-4　　誤字脱字はありませんか？

① Work 11-3 で書いた自己 PR を、隣の人に声に出して読んでもらいましょう。
② 読むときは誤字脱字がないかをチェックしながら、大きな声で読んであげてください。

　　　たかが一文字、されど一文字。履歴書に記入するときには、誤字・脱字に注意しましょう。実際に仕事をする場面を考えてみてください。商品の発注をするときに、1000 と記入するはずが、10000 と記入してしまったら会社に多大な損害を与えかねません。「たかがゼロ 1 つ」が大きな損失になります。一文字間違えることの怖さを知りましょう。

　　　大切な面接の日に、11 時に来るように言われていたのに、1 時に行ってしまったら取り返しがつきません。1 文字違いで、時すでに遅しです。

仕事はあきらめてはいけない。最後のひと押しが、成否を決めるのだ。人生は紙一重だ。こちらが根負けしかかったとき、相手はこちらに根負けしかかっているのだ。
（実業家　市村清）

Work●11-5 覚えて話そう 30 秒の自己 PR

① 今から、ストップウォッチで 30 秒計ります。各自スタートの合図で自己 PR を話してください。
② 30 秒以内で話せるように、練習してください。
③ 最後にもう一度、30 秒計ります。隣の人に聞いてもらいましょう。

　　自分をアピールすることができる時間は限られています。時間内にきっちりと話をする練習をしましょう。しかし、まる覚えをしたとわかるような話し方、マニュアルのような感情のこもっていない話し方では伝わりません。あなたらしく、自分の言葉で、自然に PR できるようにならなくてはいけません。暗記をしていても、していないように見せる、聞かせる、自然な話し方のテクニックを身につけましょう。

Work●11-6 はずかしがらずに聞いてもらおう

今度はなるべく読まないようにして、もう一度、隣の人に自己 PR を聞いてもらいましょう。

　　日本人は控え目で、自分をアピールするのが苦手だといわれています。控え目でいることが美徳とされているところもあります。しかし、就職活動では、履歴書の限られたスペース、面接での限られた時間にしっかりと自分を売り込むことが重要です。

　　本番でうまく自分を PR するには、恥ずかしがらず、積極的にどんどんまわりの人に聞いてもらい、繰り返し練習をすることが大切です。他の人に聞いてもらい、どのようにすればもっと上手に伝えることができるのかなどの意見をもらいながら、修正や改良を重ねていきましょう。

戦いでは強い者が勝つ。辛抱の強い者が。　　　　　　　　　　（徳川家康）

Work●11-7 | 私が見た人、手をさげて！

① 4人1組のグループになってください。

② じゃんけんをして順番を決めましょう。勝った人から
1番です。

③ 発表者は前に立ち、聴いている人は1列になって座り
ます。

④ 発表者は Work 11-5 で練習をした「30秒の自己PR」
を行います。

⑤ 発表者は、聴いている人全員に視線を送ることを心が
けてください。

⑥ 聴いている人は、両手を胸の高さに上げて待っていて
ください。

⑦ 聴いている人は、発表者が「自分を見た」「目があった」と確認したら手を下げてください。

振り返ってみよう

● 上がったままで、下げる機会のなかった人はいませんか？

● 聴いている人が「見られた」と感じたのは、どんなときでしたか？

● きちんと全員に、平等に視線を送りましたか？

● 人前で話をするときの自分のくせについて考えましょう。

Study●11-2 | 話をするときの3つのステップ

　　　話をするときの3つのステップを覚えておいてください。「おもしろそう」
「ちょっと聞いてみよう」と相手に興味を持ってもらうことが最初のステッ
プです。そして「そうか！」「なるほど！」と自分が伝えたい話を聴き手に
伝え、理解してもらうことが次のステップです。最後に「さすが！」と聴き
手に納得してもらい、さらなる興味を持ってもらうことが重要です。

　　　人前で話をすることはとても緊張しますね。就職活動での面接だけでは
なく、仕事の場面でも、会議やプレゼンテーション、商談など、人前で話を
する機会がたくさんあります。わかりやすく、簡潔に、具体的に、しっかり
と内容を整理して話をすること、人前で話をすることに慣れることで、緊張
や不安を軽減することはできます。話し上手になりましょう。

  苦しい時でも、とにかく笑っていろ。笑える余裕、ゆとりがないと判断を間違える。（実業家　藤森正路）

Study●11-3　非言語コミュニケーション

● Keyword ●
言語コミュニケーション
非言語コミュニケーション

コミュニケーションは、読む・聴く・書く・話すといった言語コミュニケーションと、身振り・手振り・アイコンタクト・顔つき・表情などの非言語コミュニケーションの2つに分けられます。

伝えるつもりがなくても、勝手に相手に伝わってしまうことがあることを覚えておいてください。自己PRでは、話す内容はもちろん大切ですが、顔の表情・身振り・手振り・視線などの非言語コミュニケーションも重要であることを意識しましょう。

動　作	体の動き・立ち居振るまい
姿　勢	体の構え
ジェスチャー	身ぶり・手ぶり　言葉を補うための手や体の動き
視　線	方向と強弱
声の調子	声の大きさ・話す速度・明瞭さ
触れ合い	身体的接触
空　間	人との距離や位置関係
外　見	服装・髪型・化粧・アクセサリーなどの身だしなみ

●アイコンタクト

「目は口ほどにものをいう」という諺があるように、言葉以上に強いパワーを持っているのが「目」です。相手に威圧感を与える「視線」はいけませんね。真剣さや熱意は目で伝わります。「あなたにこの話を聞いてほしい」というメッセージを伝える適度なアイコンタクトは効果的です。ぼんやり眺めたり、違う方向を見たり、誰か1人だけをじっと見つめるのではなく、できる限りその場にいる人みんなに平等な目配りを意識してください。お互いに違和感なく視線を合わせられるよう、自然なアイコンタクトを身につけましょう。

●手

ビジュアルハンドとも言われる「手」は、話の内容を強調したいときに使われます。物の大きさを表したり、握りこぶしで力強さを伝えたり、効果的に使えます。

●姿勢

話をしている際に、ふらふらしたり、貧乏ゆすりをしたり、無意識で行っていることが不要なインフォメーションを伝え、聴き手の理解を遮ってし

まうことになります。話をするときの姿勢、立ち方、座り方にも気を配りましょう。

Study●11-4 　身だしなみの TPO

● Keyword ●
第一印象

TPO については
⇨ p. 71

「僕は外見じゃなくて、中身で勝負する」と言い張って、部屋着のような姿で大学にくる学生がいます。就職活動のときだけかしこまってスーツを着ても、着慣れていないことはすぐにバレてしまいます。普段の立ち居振る舞いはおのずと現れるのです。「人は見た目がすべて」「外見で人は見抜ける」といった表現があることも忘れてはいけません。

初めて会った瞬間のほんの数秒という短い時間で形成されるといわれる第一印象はとても重要で、人は見た目で判断されることが多いのです。第一印象は「プラスの印象」と「マイナスの印象」に分けられます。感じがよい、信頼できる、さわやかなどは「プラスの印象」で、感じが悪い、冷たい、えらそうなどは「マイナスの印象」になります。

就職活動中の学生から「たった10分の面接で私の何がわかるんだ！」という不満を耳にしますが、何十人もの学生を相手に面接をする面接担当者は、部屋に入った瞬間に相手を見抜く力を持っているのです。頭のてっぺん（髪型）から足の先（靴）まで、見られているという意識を持ちましょう。

また、学校、仕事、結婚式、山登りなど、それぞれの目的にあった服装をすることも大切です。実際に清潔であるのはもちろんのこと、相手によい印象を与えられる清潔感のある服装と身だしなみを心がけましょう。きれいに洗濯をしたシャツやハンカチでも、しわくちゃでは清潔感を感じられませんね。

おはよう

同じ人？!

 人生をより良くするためには、心の状態を前向きの状態にする事が先決です。

（実業家　デール・カーネギー）

Study●11-5　メラビアンの法則

● Keyword ●
メラビアンの法則

　1970年代にアメリカの社会学者アルバート・メラビアンは、人の第一印象を決めるのは外見（Visual）、話し方（Vocal）、話の内容（Verbal）の3つの要素であるとし、その判断の割合によって数値化した「メラビアンの法則（3Vの法則）」を実験から導き出しました。

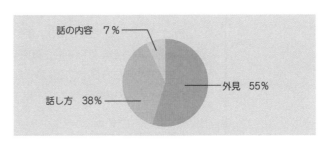

話の内容　7％
外見　55％
話し方　38％

第一印象の形成要因

　この法則によると、3つの第一印象の形成要因の割合は身振り・手振り、表情、態度などの「視覚情報」が55%、声の高低や強弱、イントネーションやスピードなどの「聴覚情報」が38%、話の内容や構成などの「言語情報」が7%となっており、内容を考え、準備をして、言葉を選んで、いくら誠実にいい話をしても、話の内容や言葉づかい以外の要素で判断をされてしまうということがわかります。表情・態度、服装などの外見が与える「第一印象」は、みなさんが思う以上に重要です。

自己PRチェックシート

発表前にもう一度確認しておこう。

事前チェック

　　　□　内容はきちんと整理できていますか？（Work 11-3）

　　　□　誤字脱字はありませんか？（Work 11-4）

　　　□　30秒で話せますか？（Work 11-5）

　　　□　隣の人と練習をしましたか？（Work 11-6）

事後チェック（Work 11-7）

　　　□　アイコンタクトをしましたか？

　　　□　声の大きさは十分でしたか？

　　　□　きちんとした姿勢で話せましたか？

交渉で私が一貫して心掛けたのは　「ウソを言わない」「約束は守る」の二点だった。（実業家　永倉三郎）

日頃から意識しよう

　必要以上に大きな声で話をする必要はありません。しかし、クラスメイトや先生から「えっ?」「もう1回言って!」「聞こえない!」と言われるようではいけません。小さな声や小さな文字は、自信ややる気がない印象を与えます。声の小さな人は口をしっかり開き、正面を向いて大きな声ではっきり話す練習をしましょう。字の小さな人はわかりやすく、読みやすい字を書くように心がけましょう。

　また、指先でペンを回したり、足を組んで座ったりすることは、どんなに真剣に取り組んでいても、真剣味がないように取られてしまいます。立ち方や座り方ひとつで生意気な態度、横柄な性格だと思われてしまい、マイナスの印象を与えてしまいます。礼儀正しい態度と明るい表情は大切ですね。

　人それぞれ感じ方は異なりますが、うつむいたまま小さな声でぼそぼそと話をするのと、正面を向いて大きな声でハキハキと話をするのでは、まったく印象が異なります。もちろん、面接や大勢の人の前で話をする時は、不安や緊張でいつものように話すことはできないかもしれませんが、普段から少し意識をすることで変化します。

　クールと無愛想も違います。だるそうな雰囲気、面倒くさそうな態度、覇気がない表情などがクセになっていませんか? 顔は変えられないけれど、顔つきは変えられます。元気のよさや簡潔な話し方は突然身に付くものではありません。日々の生活の中で心がけていきましょう。

見られていないはずの場所でも、こんな態度は禁物。

第12章 自分のPOPを作ろう
——自己分析(2)

この章のねらい

●抽出した要素を分類する力を身につける。
●自分自身が持っている力を認識する。
●違うものに置き換える力を身につける。

第9章では自分を伝える材料を集めました。ここではあなたをわかりやすく伝えるために、集めた材料を整理しましょう。

　商品を購入する時、たとえば電化製品や薬を購入するとき、あなたは自分が求めている機能や使い方を比較検討すると思います。実際に売り場に行くと、同じような機能や使い方の商品が並んでいて、どの商品を選べばよいのか迷うことがあります。そんなとき、情報提供媒体となるものの1つにPOP（ポップ）があります。POPとはPoint of Purchase Advertisingの略語で、店員に代わって情報を提供し商品販売を促進させるために用いられる広告媒体の1つです。また、商品を購入する意欲を持っていないお客さんに対して、興味を促す利点を持ち合わせています。

　一方、商品開発には、顧客が何を求めているのかを出発点に商品を開発するマーケット・イン型や、メーカー自身が持っている技術を中心に商品を開発するプロダクト・アウト型があります。モノがあふれ、種類が増加した今日では、商品開発に顧客のニーズを重視したマーケット・イン型プラスαを目指す企業もみられます。POPは商品の魅力を説明するツールです。魅力を伝えるためには、商品のことを詳しく理解していることはもちろんですが、商品開発のマーケット・イン型プラスαのように、情報を伝えたい側、情報を得たい側の両方の視点を持つことが必要となります。

私は……？

私は……

　就職活動では、あなた自身を売り込むために、あなたにはどのような力や特徴があるのか、どのような経験をしてきたのかを紹介する場面が多くあります。本章では、自分自身を売り込むポイントを見つけることと、相手に欲しいと思われる売り込み方を整理するために、自分のPOPを作ってみましょう。

<table>
<tr><td>**Warm-Up 12**</td><td>POP ってどんなもの？</td></tr>
</table>

POP（ポップ）
主に店頭などで、店員に代わり商品の情報を提供したり、客の購買意欲を促したりするために用いられる広告媒体の1つ。

書店や商店などで POP（ポップ）を探し、書かれている内容（情報）をあげてみましょう。

Study●12-1 自分の特長を知ろう

● Keyword ●
20 答法
TST

TST
Twenty Statements
Test
1954 年にクーン（M.H. Kuhn）とマクパートランド（T. S. Macpartland）により開発された心理検査法で、投影法という手法の一種。

就職活動では、エントリーシートや履歴書など、読む人と直接会うことなく、あなたを文字だけで説明する場面があります。

ここでは、あなたの売り込みたいポイントを的確に相手に伝えるために必要な情報を明らかにしましょう。

まず、次の **Work 12-1** をやってみましょう。これは 20 答法もしくは TST とよばれるものです。

TST は「私は」で始まる文章を完成させることで自分自身を表現した 20 の言葉の内容を見直し、自分とはどういう人間かに気づくことができると考えられています。他にも主語を「会社は」に変えると会社と自分自身との距離が見え、「仕事は」に変えると仕事に対する姿勢や自分の大事なことがわかると考えられています。主語を変えたバージョンにもチャレンジしてみましょう。

Work●12-1 自分自身を売り込むポイントを見つけよう

「私は～」で始まる文章を次頁に 20 個書いてください。
制限時間は 5 分です。思つくままに、「私は～です」と自分自身のことを書きましょう。

1. 私は _____ です。

2. 私は _____ です。

3. 私は _____ です。

4. 私は _____ です。

5. 私は _____ です。

6. 私は _____ です。

7. 私は _____ です。

8. 私は _____ です。

9. 私は _____ です。

10. 私は _____ です。

11. 私は _____ です。

12. 私は _____ です。

13. 私は _____ です。

14. 私は _____ です。

15. 私は _____ です。

16. 私は _____ です。

17. 私は _____ です。

18. 私は _____ です。

19. 私は _____ です。

20. 私は _____ です。

振り返ってみよう

● ペアでワークを見せ合い、すでに知っているけれども「いいね」と思っている項目に「★」
印をつけ、なぜ「いいね」と思っているのかコメントしましょう。

● 「へぇ～」や「すごいなぁ」と思った項目に「！」印をつけ、なぜ「へぇ～」や「すごいなぁ」
と思ったのかコメントしましょう。

 私が誰であろうと、どんなことをしていようと、何らかの点で卓越することは可能である。
（政治家　ジョン・ウィリアム・ガードナー）　　99

　あなたを商品として売り出すならば、注目してもらいたいポイントはどこでしょうか。そして、どのように説明すれば、注目してもらいたいポイントの内容を相手に伝えることができるでしょうか。このワークでは、あなたを商品として、あなたという情報を発信するために、あなたを説明し購売意欲に働きかける POP を作成してみましょう。

　POP にはさまざまな情報が書かれています。**Warm-Up 12** で挙げた POP に書かれている内容（情報）を大きく分類すると次の通りです。

　　1）商品名

　　2）キャッチコピー

　　3）説明文

　　4）イラスト・写真

　　5）価格

　このように、POP は1つの商品の注目させたいポイントをさまざまな視点から説明しています。POP に入れ込むあなたの情報カードを作成し、POP 作りのポイントを参考にしながら、あなたの POP を完成させましょう。POP は商品を手に取るお客さんをわくわくさせるものでなければなりません。ですから、作り手であるあなた自身もわくわくした気分で作成するといいでしょう。自分が楽しむつもりで POP を作っていきましょう。

POP に入れ込むあなたの情報カードをつくろう

① 先ほど行った TST の振り返りワークや、第9章のマインドマップ（**Work 09-3**）で付けてもらった「★」や「！」印の内容を参考にしながら、あなたがいちばん注目してほしいポイントを書き入れましょう。

② ①で書き入れた注目ポイントに対して、「★」や「！」印をつけてくれたペアのコメントを書き入れましょう。

③ なぜ注目ポイントがおすすめなのかの理由を、とにかくほめながら具体的に書き入れましょう。5W1H を意識してみましょう。いろいろな場面でおすすめであることも書いてみましょう。

④ 辛口要素も書き入れましょう。

⑤ ターゲットを決めましょう。このあとの項目は、ターゲットに呼びかけることを意識していきましょう。

⑥ キャッチコピーを作りましょう。③のおすすめの理由を参考に、ターゲットに興味をひかせることを意識しましょう。キャッチコピーは、人が一瞬で判断できる文字数といわれる24文字以内にまとめましょう。

　人は自分が考えているだけ強く、自分が価値があると考えているだけ価値があるものです。

　　　　　　　　　　　　　　　　　　　　　　　　　　　　　　　　（啓蒙家　ジョセフ・マーフィー）

⑦ 説明文を作りましょう。②のコメントや③のおすすめの理由、④の辛口要素を参考に、⑤のターゲットとのマッチングを考えながら、内容を絞りましょう。**Study 12-2** のテクニカルライティングを参考にしたり、ターゲットの立場で読み返したり、他の人の意見も聞いてみましょう。

⑧ 情報カードが完成したら、実際に POP を作りましょう。

　注目させる色使い・字は丁寧に・簡潔に書く、この 3 点を基本に、親近感が持てるように手書きで、目立つけれども快適な 3 色以内の色使いを意識しながら作ってみましょう。

ワークシート•12 ……………………………………………………………………… p. 151

　POP に入れ込むあなたの情報カード

①いちばん注目してほしいポイント	
②ペアのコメント	⑤ターゲット
	⑥キャッチコピー（24 字以内）
③おすすめの理由（5W1H）	⑦説明文（②〜④を参考に）
④辛口要素	

● Keyword ●
テクニカルライティング

　電化製品やパソコンなど商品の詳細を知りたいときや、使い方がわからなくて取扱説明書（トリセツ）を開いてみたものの、「むずかしくて理解できない」「意味がわからない」と感じた経験はありませんか。専門用語など、むずかしい言葉がたくさん並んでいて、読む気にならない取扱説明書では役目を果たしていません。

　テクニカルライティングとは取扱説明書を作成する手法の1つで、商品を使う人に向けて、わかりやすく伝える技術です。あなたの POP も受け手にとってわかりやすいものとなるよう、次の 10 項目を確認してみましょう。

1.　一番重要な情報が明確か	使う人が一番知りたい情報から書こう。
2.　ことばは適切か	むずかしいことばや専門用語はやさしい表現に。もし一般的でないことばや、自分や自分の周囲だけで使っていることばがあれば、一般に使われていることばに変えよう。
3.　文章は長くないか	一文の長さの目安は「45 文字以内」です。POP では一瞬で判断して理解できることを心がけよう。
4.　主語と述語は対応しているか	できるだけ主語と動詞を近づけてみよう。
5.　用語は統一されているか	同じ内容を「取扱説明書」と表記したり「マニュアル」と表記したりしていないか確認しよう。
6.　時制は一致しているか	現在形で統一しよう。
7.　「〜を行う」の表現は控えめか	名詞に「する」をつけて動詞になれば、そちらを使おう。 例）確認を行う→確認する
8.　文体は統一しているか	基本は常体。敬体や丁寧語が混ざっていないか確認しよう。
9.　重複表現を使っていないか	「筋肉痛が痛い」「まず最初に」など、同じ意味を持つことばを重ねて使っていないか確認しよう。
10.　読点の付け方は大丈夫か	主語の後、3つ以上のことばを並べるとき、語句の意味を強調するときなど、効果的な読点を使おう。

こんな仕事も…
テクニカルライター
　新しく高度な技術を理解し、その内容を使う人向けにわかりやすく文章で説明することができる人。しかも、取扱説明書や解説書などにまとめるためのさまざまな作業もこなすことができる能力を備えた人。

さらにチャレンジ
自己 PR 動画作成にも挑戦してみよう。

貴方が今、夢中になっているものを大切にしなさい。それは貴方が真に求めているものだから。
（思想家　ラルフ・ワルド・エマーソン）

Think

好きなことを「力」にしよう

　第9章では、あなたは好きなことを通じて得た「できること」に気づくことができました。本章ではさらに一歩進み、これまでのワークで見つけ出したあなたの情報を用いて、あなたを商品としてあなたの情報を発信させる POP を完成させることができました。

　あなたがどんな職業に就くとしても、社会では問題を解決する力が要求されます。この問題解決力には「つくる力」「つかむ力」「ねらう力」など、さまざまな能力が必要とされていて、正解のない総合問題のようなものです。いきなり問題解決力と言われると尻込みしてしまうかもしれませんが、じつはそうした力はあなたの中に眠っていて、能力を発揮する機会を待っているのかもしれません。たとえば、あなたの「好きなこと」はあなたが思っている以上にさまざまな場面で応用が可能ではないでしょうか。あなたが好きなことを通じて得た「できること」をさまざまな場面で活かそうと考えると、他の人とは違う発想や手段を思いつくかもしれません。「つくる力」とは無からなにかを生み出すのではなく、創意工夫によって現状を発展させ、目標に近づける力のことです。そのためには現状を把握する「つかむ力」、目標を設定し「ねらう力」も必要になってきます。

　現状を把握し、改善策や目標を考え、創意工夫することで、問題を解決する力を少しずつ身につけていきましょう。

**さらに
学びたい人のために
役に立つ情報**

小笠原信之　『伝わる！文章力が身につく本』
高橋書店　2011 年

わかりやすい文章をどのように書くのか、80 のコツを紹介。句点の打ち方や「の」の連続についてなど、文章の基本的なルールから内容を豊かにする方法まで例文とともに紹介されている。巻末の言い換え表現一覧も役にたつ。

前田安正　『マジ文章書けないんだけど―朝日新聞ベテラン校閲記者が教える一生モノの文章術』
大和書房　2017 年

文章を書いても内容が薄い、何を伝えたいのかよくわからない文章になってしまう、どのように書き始めたらよいかわからないと悩む人向けに、文章を作るためのストーリーを練りあげる力を養う。就職活動に必須なエントリーシートにある志望動機や自己アピールも取り上げられている。

第13章 あこがれの人に学ぶ

——多様な職業(2)

この章のねらい

●自分があこがれる人や目標となる人を見つける。
●あこがれの人や目標となる人の生き方を知る。
●あこがれの人や目標となる人の生き方から学ぶ。

前章まで、自己分析や自己 PR について学びました。 ここでは、あこがれの人や理想の人の生き方を知り、そこから自分自身のキャリアについて考えましょう。

　あなたにとって、あこがれの人や理想の人は誰ですか。その人は、身近な人かもしれませんし、歴史上の人物、タレントやスポーツ選手の場合もあるでしょう。あこがれの人や理想の人に少しだけ近づく簡単な方法は、その人の言葉やしぐさ、行動、ファッションや持ち物などをまねることです。実際、あこがれのタレントやモデルの髪型、メイクやファッションなどをまねる人は多いと思います。

　興味深いことに、「学ぶ」の語源は「まねぶ」(まねること)だという説があります。言葉や行動をまねることは、その人から何かを学ぶことにもつながるかもしれません。まねるためには、まず対象となる人について知り、分析する必要があります。その対象となる人は、生き方のひとつの「モデル」(キャリアモデル)となる人です。モデルを決め、それをまねたり、そこから学んだりすることをモデリングと呼びます。

　そこでこの章では、モデリングを通してキャリアについて考えます。皆さんのあこがれの人や理想の人について調べ、その人の生き方から学び、自分のキャリアについて考えましょう。

Warm-Up 13 | SNS でつながろう

① 2人1組になってください。

② もしあなたが、Facebook や Twitter といった SNS（ソーシャル・ネットワーキング・サービス）で「歴史上の人物」と友達になれるとしたら、誰と友達になりたいか考えてください。

③ 友達になりたい「歴史上の人物」が決まったら、それが誰で、なぜその人と友達になりたいのかを、おたがいに話してみましょう。

④ ③を受けて、相手に質問をしてみましょう。

振り返ってみよう

● 相手に自分の考えを正確に伝えられましたか？

● 質問で相手の考えをうまく引き出せましたか？

● 相手の考えをよく理解できましたか？

Study●13-1 | あこがれの人から学ぶ

Warm-Up 13 では、「歴史上の人物」のなかで、友達になりたい人について話してもらいました。次は、自分があこがれる人や理想とする人について考えてみましょう。

Work●13-1 | あこがれの人をさがそう

① あこがれの人や理想の人をひとり選びましょう。歴史上の人物、タレント・俳優、芸術家、スポーツ選手など、誰でも結構です。

② ①で選んだ人物について調べ、**ワークシート 13-1** に記入しましょう。

③ 2人1組になってください。

④ ②で記入したシートの内容を相手に伝えましょう。

⑤ ④を受けて、相手に質問してみましょう。

振り返ってみよう

● あこがれの人や理想の人の魅力を相手にうまく伝えられましたか？

● 質問で相手の考えをうまく引き出せましたか？

● 相手のあこがれの人や理想の人の魅力をよく理解できましたか？

 良い言葉より良い行いの方が勝る。 （政治家　ベンジャミン・フランクリン）

ワークシート●13-1 ‥‥‥‥‥‥‥‥‥‥‥‥‥‥‥‥‥‥‥‥‥‥‥‥‥‥‥‥ p. 153

項　目	内　容
あこがれの人・理想の人の名前	
生年月日・性別・出身地・血液型	
職　　業	
生い立ちや生き方	
現在の活動について	
印象的な言葉	
この人物を選んだ理由	
この人物の魅力	

　　　　Work 13-1 では、あこがれの人について調べ、2人1組になって、調べた
内容について伝えあいました。次は、あこがれの人を分析し、**ワークシート
13-2** に記入してみましょう。

Work●13-2　　**あこがれの人を分析しよう**

① あこがれの人の生き方に、大きな影響をあたえた人物や出来事は何でしょうか。
② あこがれの人が体験した困難や失敗は何でしょうか。
③ ②の困難や失敗を、あこがれの人はどのように克服しましたか。
④ ①～③を通して、あなたが学んだことは何ですか。

ワークシート●13-2 ‥‥‥‥‥‥‥‥‥‥‥‥‥‥‥‥‥‥‥‥‥‥‥‥‥‥‥‥ p. 153

項　目	内　容
大きな影響をあたえた人物	
大きな影響をあたえた出来事	
困難や失敗	
困難や失敗の克服	
あなたが学んだこと	

　　　　私たちは、つねづねこうなりたいと望んでいるものになれる。　　　（実業家　アール・ナイティンゲール）

● Keyword ●
あこがれの人
理想の人
大器晩成

　私たちがあこがれの人や理想の人と考える人物の多くが、現在、成功・活躍している、あるいは過去に輝かしい実績を残した人物だと思います。つまり、私たちは「成功」や「実績」に着目して、あこがれの人や理想の人を選ぶ傾向があります。しかし、Work 13-2 でも明らかになったと思いますが、成功や実績を残している人物でも、かならず困難や失敗を経験しているはずです。重要なのは、その困難や失敗にどう立ち向かい、どう克服してきたかということです。そこに、私たちが学ぶべき事柄があると思います。

　たとえば、アメリカのメジャーリーガーで、シアトル・マリナーズ、ヤンキースを経てマーリンズで活躍したイチロー（本名：鈴木一朗　1973〜）は、2019年に引退した後も人気があります。1991年、ドラフト4位で愛工大名電高校からプロ野球のオリックス・ブルーウェーブ（現オリックス・バファローズ）に入団します。しかし、彼のプロ野球人生も、最初から華々しいものではありませんでした。最初の2年間は、一軍と二軍を行ったり来たりし、1993年に二軍落ちしたとき、河村健一郎二軍打撃コーチと出会い、現在の「振り子打法」が生まれました。そして1994年、仰木彬監督のもと、登録名を「鈴木」から「イチロー」に変更し、一軍の二番打者に抜擢されました。その後の活躍は、皆さんご存じのとおりです。

　イチロー選手は、準備することについて、次のように語っています。「要するに、準備というのは、言い訳の材料となりうるものを排除していく、そのために考え得るすべてのことをこなしていく、ということですね」*。つまり、良い結果が出ないと、その言い訳をしたくなるものです。そこで、言い訳をしないためにも、常に準備を心がけておくということでしょう。イチロー選手の成功を支える努力が、この言葉のなかに見えてきます。

*児玉光雄『イチロー哲学』東邦出版、2007年。

Study●13-2　才能はいつ花開く？

　大器晩成という言葉があります。もともとは中国の『老子』に出てくる言葉ですが、「大人物の才能があらわれるのは遅く、徐々に大成するものである」という意味です。偉人のなかには、大器晩成型の人物も多くいますが、『大日本沿海輿地全図』を作った伊能忠敬（いのうただたか）（1745〜1818）もそのひとりといえます。

　忠敬は、18歳の時に、下総（現在の千葉県）の造り酒屋・伊能家に婿養子として入ります。その後、酒屋の仕事に精をだしますが、50歳になったとき、家の財産を長男にゆずり、天文学を勉強するために江戸に出ます。江

大きく考えよ。大きく考えれば、あなたはきっと大きな体験をするでしょう。

（啓蒙家　ジョセフ・マーフィー）

戸時代の平均寿命が、現在よりもはるかに短かったことを考えると、この決断がどれだけ勇気のいることか想像がつくと思います。そして、55 歳のとき測量の旅に出て、その後 17 年間、日本全国をくまなく歩きました。忠敬は 73 歳でこの世を去りますが、その遺志は弟子たちに受け継がれ、後に日本最初の実測地図である『大日本沿海輿地全図』が完成しました。現在のように GPS やコンピュータもなく、しかも測量技術も未発達な時代に作られた地図であるにも関わらず、この地図の精度は驚くほど高いとされています。

　さて、伊能忠敬は、たしかに晩年に高く評価される実績を残していますが、それまでは何もしていなかったのでしょうか。実は、忠敬は婿養子で入った酒屋が経営不振におちいったとき、その経営を立て直しただけではなく、事業を拡大することにも成功しています。このように、大器晩成型とされる偉人たちの多くが、高い評価を受けるようになるまでに、さまざまな努力を経験しているわけです。その意味で、**Work 13-2** のように、成功した人々のキャリアを分析し、そこから学ぶことは重要です。

さらに
学びたい人のために
役に立つ情報

木原武一　『大人のための偉人伝』 新潮社　1989 年

シュバイツァー、ヘレン・ケラー、リンカーン、野口英世、二宮尊徳をはじめとする偉人たちの生涯をとりあげ、子ども向けの偉人伝には登場しない、偉人たちの知られざる姿に光をあてた本。

久恒啓一　『遅咲き偉人伝』 PHP 研究所　2015 年

松本清張、森鴎外、寺山修司をはじめ、人生の後半に評価されるようになった、「遅咲き」の偉人たちを紹介した本。

佐藤光浩　『遅咲きの成功者に学ぶ逆転の法則』 文響社　2016 年

岩倉具視や伊能忠敬、カーネル・サンダース、シュリーマンやスキャットマン・ジョンなど、40 歳以降に人生の転機をむかえた国内外の人物を取り上げ、成功の秘訣について紹介した本。

  かなえたい夢は、どんどん口に出して言っちゃうほうがいい。　　　（銀座まるかん創業者　斎藤一人）

column
型破りな人間に
なるには

　この章のはじめに、「学ぶ」という言葉は「真似る」ことに由来するといいました。学ぶことや真似ることは、型を身につけることと深く関わっています。そこで、「型」について考えてみましょう。

　「型破り」という言葉があります。『広辞苑』によると、「定型または月並みな型を破っていること」や「風変わりなこと」をさします。よく「型破りな人間になりたい」という人がいますが、自由奔放で風変わりなだけでは「型破り」とはいえません。そもそも型破りになるためには、なんらかの型を身につける必要があります。

　社会学者の鶴見和子※は、日本舞踊について論じながら、「型破り」と「型外（はず）れ」を区別しています。後者は、もともと型が身についてなく、どこか間が悪くてしっくりとこない様子をさします。これに対して、型破りはひとつの創造です。すべてのよい型は誰かによって創造されたものですが、やがてその型も形骸化していきます。そこで、新しい型が生みだされる必要があります。鶴見によると、新しい型の創造は、「型外れによってではなく、型をもっともよく身につけたものによってのみ、型破られる」といいます。古典芸能や武術の世界でも、「守破離」という言葉があります。つまり、「型を守って身につける→型を破って自分なりの工夫をする→型から離れて、型にとらわれない新しい型を創造する」という 3 段階です。

　この章で学んだように、あこがれの人や理想の人に学ぶことは、まずその人たちの真似をすることからはじまります。つまり、理想の型を身につけるということです。そして、その型を破っていくことは、あなただけのオリジナリティを創造することを意味します。何事を学ぶにも、まず型を身につけることからはじめましょう。

※鶴見和子（1918〜2006）上智大学名誉教授。
　鶴見和子「型破りと型外れ」『コレクション鶴見和子曼荼羅Ⅶ　華の巻』藤原書店、1998 年。

 第14章 **未来予想図を作ろう**
——ライフプランニング

この章のねらい

●自分の時間の使い方について考える。
●自分の現在と未来について考え、逆算思考でライフプランを立てる。
●自分の目標を設定し、行動計画を立てる。

第13章では、自分のあこがれの人や目標となる人の生き方について学びました。ここでは、将来なりたい自分になるために、今すべきことは何かについて考えましょう。

　2019年の日本人の平均寿命は男性81.41歳、女性87.45歳で、前年度と比較して、それぞれ−0.06歳、＋0.37歳となっており、世界的にも男女ともに平均寿命ランキングの上位にあがる長寿国となっています。

　未来のあなたはどんな生活を送っているのでしょうか？ どうなっていたいですか？「まだ18歳なのにそんなに先のことを考えるなんて無理」「計画通りにいくはずがない」と思うかもしれません。しかし、豊かな人生を送るためには、未来を見据えて、やりがいのある仕事を見つけ、人生を共に歩くパートナーと出逢い、家族をもつといった「人生設計（ライフプラン）」について考える必要があります。また、そうした人生設計を現実のものにするためには、あなたの現在の時間の使い方を見直し、実りある人生を送るための計画や金銭面での計画（マネープラン）も重要となってきます。

　第14章では、あなたの未来予想図を描いてみましょう。

Warm-Up 14　あなたの 1 日を話そう

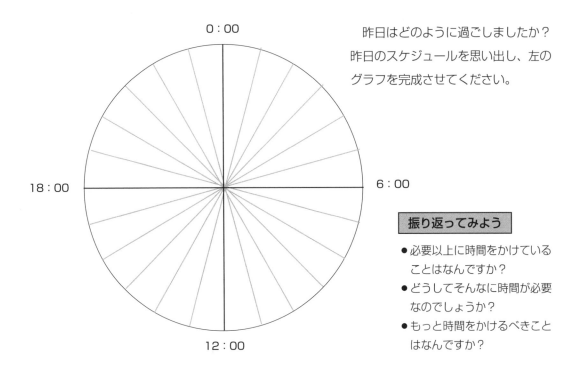

0：00

18：00

6：00

12：00

昨日はどのように過ごしましたか？
昨日のスケジュールを思い出し、左の
グラフを完成させてください。

振り返ってみよう

● 必要以上に時間をかけている
　ことはなんですか？
● どうしてそんなに時間が必要
　なのでしょうか？
● もっと時間をかけるべきこと
　はなんですか？

Work●14-1　20 年ごとのあなたのゴール

　80 歳までを 20 年ごとに区切ってみました。自分の生活を「働く」「住む」「買う」「関わる」
の 4 つの視点から予想して、次の表を完成させましょう。

ワークシート●14-1 ··· p. 155
あなたのゴール〈例〉

年　齢	働　く	住　む	買　う	関わる
80 歳　老後				
60 歳　定年			別荘	地域 ボランティア
40 歳　仕事・家庭	キャリアアップ	持ち家	家	PTA の役員
20 歳　成人（学生）	アルバイト	実家 一人暮らし	パソコン	

心を込めて仕事をしなさい。そうすればあなたは必ず成功する。なぜなら、そういう人はほとんどいないか
らである。　　　　　　　　　　　　　　　　　（アメリカの教育家、著作家　エルバート・ハバード）

Study•14-1 逆算思考で考えよう

　「自分はこんなおばさん（おじさん）になっているはず」と60歳のあなたの生活を想像してみましょう。「仕事もひと段落、これからはこんなことをしてみたいな」と定年退職後の自分の時間を考えてみてください。仕事や結婚、生きがい、個人の充足感、価値観はさまざまですが、自分が幸せだと考える一生を思い描き、未来の時間に目を向けることは大切なことです。夢や目標を持つことで、長期的・継続的に努力しようと思う力が沸いてくるのです。

Work•14-2 60歳の自分への手紙

60歳になった自分を想像しながら、現在のあなたから60歳のあなたへ手紙を書きましょう。

ワークシート•14-2 ……………………………………………………………………………… p. 155

> ### 60歳の自分へ（例）
>
> 　私は、今、○○になることを目標にがんばって勉強をしています。先日初めて受験したTOEICでは思うようなスコアが取れなかったのですが、最終的には何点まで到達することができましたか？
>
> 　定年まで仕事を続けながら、素敵なパートナーを見つけて結婚し、力を合わせて家事や子育てをするという夢はかなったのでしょうか。苦しいことから逃げようとする悪い癖も直ってすてきな大人になれたと信じています。
>
> 　私が思い描いていた人生とは、少し違う人生だったかもしれないけれど、今、あなたが幸せで、家族や友達と仲良く、笑顔で生きていることを願っています。
>
> 　　　　　　　　　　　　　　　　　　　　氏名　　鈴木　花子
>
> 　　　　　　　　　　　　　　　　　　　　20　　年　　　月　　日

振り返ってみよう

● 60歳の1日の過ごし方と今の1日の生活はどのように違うでしょうか？

● 趣味は続いていますか？　好きな食べ物は変わるのでしょうか？

 今のあなたの思考と行動が、未来のあなたをつくります。　　　（啓蒙家　ジョセフ・マーフィー）

● Keyword ●

逆算思考
PDCA サイクル
時間管理

逆算思考とは、目標（ゴール）を具体的にイメージして、そこから現在にさかのぼり、目標を達成するための手段や方法を考えるという思考法です。サッカーやバスケットボールなどのスポーツと同じで、ゴールがどこかがわからなければ、ゲームに勝つことはできません。試合にもなりませんね。こうありたいという将来像を実現するために、今しなければならないこと、これからしておいた方がよいこと、それらにかかる時間やかかるお金について考えてみましょう。あなたのゴールはどこですか？

Study●14-2　みんなに平等な 24 時間

この章の最初の **Warm-Up 14** で、あなたの 1 日のスケジュールについて考える機会がありました。みんなに同じ大きさの 1 つの○がありましたね。このように 1 日 24 時間は世界中みんなに平等なのです。時間を止めることや貯めることはできません。

1 時間が 24 時間積み重なって 1 日に、1 日が 365 日積み重なって 1 年になるように、少しの時間の積み重ねが人生をつくっています。夢や希望を含めた人生設計、お金と時間の計画が、卒業後どんな仕事に就きたいかを考える基本になります。

では、貴重な時間を無駄なく、有効的に使うにはどうしたらよいのでしょうか。ここでは計画管理術の 1 つである PDCA サイクルを紹介します。

● PDCA サイクル

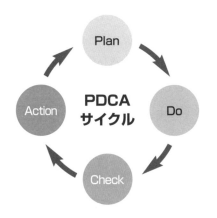

	チェックポイント
Plan （計画する）	行き当たりばったりでは無駄が多い。 効率を上げるために、計画的か、段取りはよいかを考える。
Do （実行する）	計画に基づいて進める。
Check （評価する）	目標にたどり着けるか、不具合はないか、などの見直しを行う。
Action （対処する）	見直した結果、改善・修正が必要な場合は変更する。

Study●14-3　時間管理のできる人

さまざまな書類や提出物の提出期限は守っていますか。いつもギリギリまで手をつけないで、直前になって大慌てしている人はいませんか。できる人は「時間をつくる」のが上手ですが、できない人は「時間がない」と言い

一日を大切にせよ。その差が人生の差につながる。　　　　　　（実業家　デール・カーネギー）

がちです。

　時間感覚を養い、スケジュールを締め切りから逆算して立てる、やるべきことを片付けるのに必要な時間を見積る、計画的に進め、早めに取りかかる習慣を身につけましょう。

　余裕をもって取りかかることや今日できることは今日中にすることで、変更したり、確認を取ったりする時間や気持ちの余裕が生まれ、さらなる成果をあげられる可能性が広がるのです。時間の先取りをしましょう。

　レポートの締切を例にとって考えてみましょう。

レポート内容の発表	レポート提出期限
A：提出期限まで手をつけずに放っておく	→ 期限直前に慌てて始め、なんとか提出
B：すぐに内容を確認し、時間を見つけて取り掛かる。　5日後に完成	→ 見直し・手直しをして、期限前に提出　→ 他のことをする時間ができる　提出

　どれだけ時間がかかるのかを予測することの重要性に気がつきましたか？　なかなかやるべきことに取りかかれない理由はなんでしょう？　やり方がわからないのでしょうか。間違っているのではないかと不安になるのでしょうか。それとも完成した後の成績・評価が気になるからでしょうか。わからないことは質問して解決してしまいましょう。モヤモヤと考える時間と悩むエネルギーの無駄が省けます。それにギリギリに始めると、質問をする時間もなくなってしまいますね。

Study●14-4　今日の時間は未来のために

　「明日のことなんてわからない」「今日のことで精一杯」を理由に余裕のない生活をしている人はいませんか？　しっかりと目標を設定し、無理なタイムスケジュールではなく、実現可能な範囲で余裕のある時間設定を行うことが目標達成につながります。

　たった10分の空き時間でも、積み重ねると何時間にも何日にもなります。空き時間を有効活用して、時間管理の達人になりましょう。アルバイトと勉

  すべての日がそれぞれの贈り物をもっている。　　　（詩人　マルクス・ウァレリウス・マルティアリス）

強、部活のバランスをうまく取れるように、時間管理をしっかりとしましょう。自分が何に優先順位をおいているかを明確にしておけば、時間の使い方をコントロールしやすくなりますね。限られた時間です。1日1日を大切に過ごしてください。

簿記2級！
TOEIC750点！
・授業時間を大切に
・アルバイトの時間を
　削って勉強に

いい成績を取る！
・授業時間は集中をして、
　1日15分の復習時間を

年に1回は旅行！
・アルバイトで得たお金
　を貯金し、お金と時間
　を有効利用

　大学生活は授業だけではなく、時間を上手に使っていろいろなことに挑戦できる貴重な時間です。目標達成に必要な事柄を「いつまでに」「どのような方法で」行うか、具体的に計画を立てましょう。

プランの種類		期　間	内　　容
将来的な GOAL	長期計画	5〜10年、あるいはそれ以上	こうなりたい目標（将来就きたい職業等） 漠然、曖昧すぎるけれど、自分で達成できると信じることができる目標にする。
通過点の GOAL	中期計画	2〜5年	長期と短期の橋渡し的な目標（進学・就職・資格取得等） 長期に対して：実現の可能性をチェックできる。 短期に対して：具体的な目標を提供できる。
	短期計画	1年以内	必ず余裕を持たせること 最初は「これくらい楽勝！」というくらいの量から始めよう。
目の前の GOAL	月次計画	3ヶ月程 (1ヶ月×3=1クール)	数字で表せるものがBEST 例えば：1ヶ月で○○をマスターする。 　　　：月曜日は△問解く　など。 ※定期的に計画を見直し&修正しよう。
	さらに細分化	1週間ごと	

　思い立ってすぐに家や車を買うことはできません。「こうなるかもしれない」「こうなった時には」など、「もしも」のときのプランを持って準備をしておけば、計画を変更しなければならない状況になっても、慌てたり、焦ったりすることはないのです。未来のことを考えて、仕事選びに関わる自分の考えを整理することや、求める条件や現実を見直すことがヒントとなります。仕事とプライベートの2つの視点で人生設計を考えてみましょう。

　一日生きることは、一歩進むことでありたい。　　　（理論物理学者　湯川秀樹）

Study•14-5 — Must と Want を整理しよう

　Must は、どうしてもやらなければならないことで、時間を優先的に確保しなければならない責任や義務のあることです。Want は、やりたいことややったほうがいいことを指します。今、自分がやるべきことを見極め、目標を達成する力を養うことが将来のゴールに近づくことにつながります。

　ここでは、今やるべきことの整理の方法を紹介します。次の表は、重要度と緊急度を考えてやるべきことを整理する方法です。

●重要性と緊急性から優先順位を考える

		緊　急　度	
		高　い	低　い
重要度	高い	第1領域 緊急度も重要度も高く、真っ先にやらなくてはならない。 例：締切りのあるレポート作成、急な欠席連絡など	第2領域 重要だが急いではいない。やっておけばいいが、今すぐとりかからなくてもよい。 例：数年後の SPI 対策、将来のための準備など
	低い	第3領域 緊急度が高く、すぐに取りかからないといけないが、重要度は低い。 例：重要でない電話の応対など	第4領域 重要でもなく、緊急でもない。 例：だらだらとテレビを見る、暇つぶし、　時間つぶしなど

Work•14-3 — To Do リストを作ってみよう

　目の前のゴールと通過点のゴール、将来的なゴールを達成するために、緊急性と重要性を考えながら優先順位を決め、To Do リストを作ってみましょう。

今日 やるべきこと	1週間以内 にやるべきこと	1ヶ月以内 にやるべきこと	1年以内 にやるべきこと
●	●	●	●
●	●	●	●
●	●	●	●
●	●	●	●

　人生における悲劇は、目標を達成しなかったことにあるのではない。それは人生に目標を持たなかったことにある。
　　　　　　　　　　　　　　　　　　　　　（アメリカの教育者、神学者　ベンジャミン・メイズ）

●To Do リストでやるべきことを整理する

　今日どうしてもしなければいけないこと、今日中にしておきたいこと、時間があればしておいたほうがよいことなどを整理して書き出します。するべきこととするべき順番をきちんと確認することで、時間に無駄がなくなり、時間を有効に使うことができます。計画を立てて 1 日を大切に過ごす手助けとなりますね。

Work●14-4　24 時間時計で「自分の今」を確認しよう

　人生 80 年を 24 時間の時計に置き換えてみましょう。あなたは今、何時ですか？　残された時間はどのくらいあるのでしょうか？

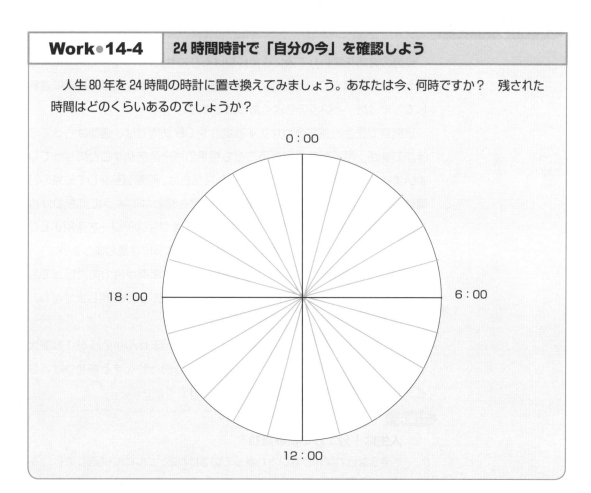

Study●14-6　時間銀行

　次のような銀行があると考えてみましょう。その銀行は毎朝あなたの講座へ 8 万 6400 円を振り込んでくれます。同時に、その口座の残高は毎日ゼロになってしまいます。つまり、8 万 6400 円の中で、あなたがその日に使い切らなかった金額は、すべて消されてしまいます。あなただったら、どう

すべては、待っている間に頑張った人のもの。　　　　　（発明家　トーマス・エジソン）

しますか？　もちろん、毎日8万6400円全額を引き出しますよね。

　私たち一人ひとりは、同じような銀行を持っています。それは「時間」銀行です。毎朝、あなたには8万6400秒が与えられています。うまく使い切ることのできなかった時間は消えてしまい、貯めておくことも、過去にさかのぼって使用することもできません。今日与えられた時間の中で「今」を生きなければいけないのです。与えられた時間に最大限の投資をしましょう。

Study●14-7　自分時間と相手時間を大切に

　自分の時間を奪われて頭にきた経験はありませんか？　電車の時間に間に合うように大慌てで走ったのに、駅に着いたら電車が延着して授業に遅刻してしまった、というのもよくある話です。

　研究室で先生と待ち合わせをする場合やOB訪問では、遅刻はもってのほかですが、早く到着し過ぎることも相手のペースを乱すことになってしまいます。予定の時刻よりも早く到着した場合は、時間調整をして約束の時間に合わせるようにするなど、相手の時間を奪わないように気をつけましょう。突然の訪問にも気をつけてください。オフィスアワーを活用することも忘れてはいけません。時間泥棒にならないように注意しましょう。

　大事な就職面接の日だと考えてみましょう。「電車が目の前で行ってしまったので」「目覚ましが壊れていて」などという言い訳は通用しませんね。たかが1分、されど1分です。

　毎日の授業も同じです。遅刻常習犯になっていませんか？　1分1秒を大切にする気持ちを持って行動しましょう。5分前行動をする癖をつけるなど、時間に余裕をもって行動する習慣をつけてください。

Think

人生は1分1秒の積み重ね

　やらなければいけないとわかっているけれど、ついつい先送りにしてしまう習慣は今日で終わりにしましょう。やるべきことに向き合う時間と向き合うモードでいる時間を作りましょう。目先の楽しみや楽で簡単なことばかりに流されていては、あっという間に大学生活の4年間は過ぎていってしまいます。

　過去の時間（今まで何をしてきたか）、現在の時間（今、何をするのか、できるのか）、未来の時間（将来、何をしたいか）の3つの時間に目を向けることがキャリアデザイン成功の秘訣だといえるでしょう。

 人と出会えないのは、出会いを出会いとして感じるアンテナが鈍っているからだ。（帝塚山大学　岩井洋）

第15章 あなたにとっての キャリアデザインとは？

──まとめ

この章のねらい

●これまでに学んだ内容を確認する。
●自分の学びをふりかえる。
●未来に向けた自分の目標を持つ。

> いよいよ最後の章まできました。これまでに、さまざまな事柄を学んできたと思います。この章では、学んだことをもう一度ふりかえるとともに、未来に向けた自分の目標を持ちましょう。

　第1章で見たように、キャリアデザインとは、長い人生における自分の生き方や働き方について考え、計画を立てることでした。キャリアデザインのためには、まず「自分を知る」ことが大切です。これについては、第9章と第12章の自己分析で学びました。働き方について考えるためには、世の中に多様な職業があることを学ぶことが必要です。第4章と第13章では、業種や職種の違いについて学ぶとともに、あこがれの人や理想の人の生き方から何を学ぶかについて考えました。

　「社会を知る」ことも、キャリアデザインの重要な要素です。第2章と第3章では、生活するのに必要なお金や生涯賃金についてなど、お金を通して社会について学びました。また第5章と第6章では、日本経済の変化や少子高齢化、AI と仕事など、いま私たちがどのような時代に生きているのかについて学びました。第7章では、社会で求められる人材について学び、企業と大学生との認識のギャップについても確認しました。

　「自分を知る」「社会を知る」とともに、「他人を知る」ことも、キャリアデザインにとって重要でした。「他人を知る」ためには、他人を理解する努力が必要であり、そのためには、広い意味でのコミュニケーション能力が必要になります。第8章では、コミュニケーションの重要性について学びました。また、各章の Warm-Up や Work では、グループで考えることや、意見交換を通して、コミュニケーション能力を高めてきました。

　さて、最後にこの章では、いままで学んだことをもう一度ふりかえるとともに、未来に向けた自分の目標を持ちましょう。

自分を知る

社会を知る

他人を知る

| | Warm-Up 15 | | | キーワード・ビンゴ |

Warm-Up 15 — **キーワード・ビンゴ**

① 3人1組のグループをつくりましょう。

② これまでの授業をふりかえって、重要だと思われるキーワードを各グループで24個選んでください。

③ 選んだキーワードを、5×5のマスに書き入れてください。中央のマスは記入不要です。

④ それでは、重要なキーワードを発表しますので、グループで選んだものがあれば○をつけてください。

⑤ タテ・ヨコ・斜めのいずれかに○がそろえばビンゴです。

		FREE		

Study・15-1 コミュニケーション能力の大切さ

● Keyword ●
コミュニケーション能力
非言語コミュニケーション

コミュニケーション能力という言葉をよく耳にしますが、それが一体どのような能力なのか、あらためて考える機会は多くありません。コミュニケーションの大切さについては、第8章、第10章や第11章でもふれました。とくに、言葉によらないジェスチャー、アイコンタクトや表情をはじめとする、非言語コミュニケーションの重要性について確認しました。つまり、コミュニケーションというのは、単純に言葉を伝えたり聞いたりするだけではなく、伝えたり聞いたりする姿勢や態度が重要なのです。まさに口先だけではなく、全身を使った交流がコミュニケーションだといえます。

● Keyword ●

あいさつ
社会で求められる人材
社会人基礎力
考える力
人柄
ライフプラン
目標設定
逆算思考

しかし、すでに身についている姿勢や態度はすぐには変わりません。たとえば、あいさつを例にとってみましょう。コミュニケーションのはじまりはあいさつです。しかし、「おはようございます」「こんにちは」といった言葉とともに、どんな人に対しても気持のよい姿勢や態度を示してくれる人は、それほど多くありません。姿勢や態度を改善するには、気持ちがよいと感じる、他人の姿勢や態度から学ぶのもひとつの方法です。

さて、第7章で学んだ社会で求められる人材像をふりかえってみると、その基本にはコミュニケーション能力があるといえます。たとえば、「社会人としての常識・マナー」「チームワーク力」や「リーダーシップ力」、さらには社会人基礎力の「前に踏み出す力（アクション）」や「チームで働く力（チームワーク）」の根本には、コミュニケーション能力があります。コミュニケーション能力なくしてチームで働くことや、ましてや人の上に立ってリーダーシップを発揮することはできません。

また、コミュニケーション能力は考える力とも密接な関係があります。自分の考えをまとめ、効果的な方法で相手に伝えるとともに、相手の意図を的確につかむために考える力は不可欠です。第7章でふれたように、企業の採用担当者がよく口にする人柄という言葉の背後には、コミュニケーション能力と考える力が隠れていました。このことをもう一度確認しておきましょう。

Study●15-2　準備する心

これまで、何度か目標設定やプランについて学びました。

世の中には、「どうせ人生は計画通りにいかないのだから、目標など設定しても意味がない」という人もいます。しかし、本当にそうでしょうか。たしかに、人生は計画通りにいかないことが多いです。しかし、目標があるからやるべき事柄が明らかになるし、やりがいも生まれてきます。たとえ計画通りにいかなくても、目標とそれに対する準備があれば、軌道修正することも難しくないでしょう。まさに、「備えあれば憂いなし」ということです。

そこで、目標達成に向けて準備することの大切さがわかってきます。「準備する」というのは簡単ですが、準備するためには、何をどのように準備するのか考える必要があります。ここでも考える力が求められることになります。たとえば、海外旅行を例にとってみましょう。旅にトラブルはつきものですが、旅先でパスポートをなくしたり、あるいは盗まれたりする可能性

体が弱くなると、どうしても感情的になる。自分一人の孤独に堪えなくなる。他人にすがるようになる。活発な心境が保てなくなる。　　　　　　　　　　　　　　　　　　　　　　（作家　田山花袋）

もあります。しかし、事前にパスポートのコピーや写真を用意して、別に保管しておけば、トラブルがおこっても、その後の再発行手続きなどがスムーズになるはずです。このように、不測の事態に備えることは、さまざまな起こりうる事態について「考える力」とも関係があります。

さて、準備するのはモノだけではありません。モノを準備するためには、心の準備も必要です。目標達成に向けて、準備する心を常に持ちたいものです。

Study●15-3　発想法・思考法をうまく活用しよう

これまで **Work** のなかで、さまざまな発想法や思考法を体験してきました。第9章ではマインドマップ、第4章ではブレインストーミングとKJ法がありました。これらの発想法や思考法には、ひとつの共通点があります。それは、ただ頭の中で考えるだけではなく、考えを言葉にし、書き出してみるということです。書き出したものをどうまとめるかについては、それぞれに方法が異なりますが、まず書き出してみることに重要な意味があります。

買い物リストやTo Doリスト（やるべきことのリスト）などは、一見、ただの箇条書きのようですが、頭の中にある事柄を書き出すことで、物事を客観的にみることができます。そして、書き出した事柄をながめてみると、あらたな発見があるかもしれません。たとえば、買い物リストに書かれた食材を見て、最初に考えていた料理とは別の料理を作ろうと思うかもしれません。また、To Doリストをながめるうちに、やるべきことの優先順位を考え直すかもしれません。このように、リストであれ、マインドマップであ

もし自分にできることをすべて実行すれば、その結果に文字通り、びっくり仰天することだろう。
（発明家　トーマス・エジソン）

れ、書き出すことの効用は大きいといえます。

考える→書き出す→ながめる→考えるというサイクルは、日常のメモ、講義ノートにはじまり、レポートや自己 PR の作成まで、さまざまな場面で活用できます。しかも、このような作業に役立つワープロソフトの機能やソフトウェアもあります。さまざまな発想法や思考法を通して、私たちは考えるための道具を手に入れたといえます。ぜひ、この道具をうまく活用しましょう。

Work●15-1	自分の学びをふりかえる

この授業全体を通して、どのような知識や能力がついたか、5段階で自己評価してみましょう。

ワークシート●15 .... p. 157

学びの項目	自己評価
自分を知る	− ◀ ⋯⋯⋯⋯⋯ ▶ ＋
○自分の強みやセールスポイントを発見することができた。	1　2　3　4　5
○自己 PR 文をうまく書くことができた。	1　2　3　4　5
○自分のライフプランをうまく作ることができた。	1　2　3　4　5
他人を知る	− ◀ ⋯⋯⋯⋯⋯ ▶ ＋
○他人の意見によく耳を傾けることができた。	1　2　3　4　5
○他人の意見から学ぶことができた。	1　2　3　4　5
○グループワーク等に積極的に参加することができた。	1　2　3　4　5
社会を知る	− ◀ ⋯⋯⋯⋯⋯ ▶ ＋
○業種と職種の違いや多様な職業があることが理解できた。	1　2　3　4　5
○あこがれの人や理想の人の生き方から学ぶことができた。	1　2　3　4　5
○生活に必要なお金や生涯賃金などに対する理解が深まった。	1　2　3　4　5
○私たちを取り巻く社会の状況についての理解が深まった。	1　2　3　4　5
○社会が求める人材についての理解が深まった。	1　2　3　4　5
総合的な学び	− ◀ ⋯⋯⋯⋯⋯ ▶ ＋
○キャリアデザイン全体にたいする理解が深まった。	1　2　3　4　5

目的地に向かう途中であきらめるな。誰も拾ってくれはしないぞ。　　（音楽家　ルイ・アームストロング）

Work●15-2　未来に向けた自分の目標

　大学卒業時の自分の目標と、その目標に向けて、卒業までに何をしなければならないかを書いてみましょう。

大学卒業時の目標は何ですか？

その目標のために、卒業までにしなければいけないことは何ですか？
箇条書きにしてみましょう。

-
-
-
-
-

Think

あなたにとってのキャリアデザインとは？

　この章では、これまで学んできた内容を、コミュニケーション能力、準備、発想法・思考法という3つの側面からふりかえってみました。さまざまな Warm-Up や Work を通して、今までに体験しなかった事柄や発想に出会ったと思います。

　さて、キャリアデザインという言葉やその意味について、皆さんの理解はどの程度深まりましたか。また、皆さんの未来の目標や、それに向けて準備しなければならない事柄が明らかになりましたか。最後に、あらためて考えてみましょう。

 未来に影響を及ぼす力は実にたくさんある！　それらの力を動かすものが何であるのか誰も知らないし、その力自体も理解できない。なのに、どうして悩むのだ。　　（元クライスラー社長　K・T・ケラー）

プレステップキャリアデザイン〈第5版〉● 索引

あ～お

Ｉコミュニケーション	81
あいさつ	71,121
相手時間	116
あこがれの人	107
アルバイト	19,27
安定成長期	46
UNKNOWN 未知の窓	80
1.57ショック	48
異文化理解	12
Weコミュニケーション	81
Want	116
AI	52,54
エントリーシート	73,87
OPEN 開かれた窓	79

か～こ

買い物リスト	122
考える力	63,121
技術的失業	54
逆算思考	112,113
キャリア	8,10
キャリアデザイン	8,10,119
業種	38,42
協調性	61
経済成長率	45
傾聴	69
KJ法	36,42
言語コミュニケーション	93
厳選採用	58
合計特殊出生率	48
公的年金	30
高度成長期	46
高齢化	47
高齢化社会	49
高齢化率	49
高齢社会	49
語学力	62
五感（視覚・聴覚・嗅覚・味覚・触覚）	67
言葉のマジック	84
コミュニケーション能力	61,63,120
コンピテンシー	58

さ～そ

最低賃金	19
時間管理	113

自己紹介	88
自己PR	84,88
自己分析	73
事前の準備	77
七五三	12
GDP（国内総生産）	45
自分時間	118
自分を知る	11,119
社会人基礎力	58,63,121
社会で求められる人材	121
社会を知る	11,119
就職超氷河期	12
終身雇用	11,51
主体性	61
準備する心	122
生涯賃金	27
少子化	47
常識	63
少子高齢化	12,48
消費者態度指数	45
職種	38,40
ジョハリの窓	79
心理的距離	70
成果主義	51,58
正社員	27
潜在能力	60
即戦力	60

た～と

第一印象	94,95
第一次オイルショック	46
第一次ベビーブーム	46
大器晩成	107
第二次ベビーブーム	46
他人を知る	11
団塊の世代	46
チャレンジ精神	61
強いAI	52
TST	98
低成長期	46
TPO	71
テクニカルライティング	102
To Doリスト	116,117,122
独学力	57

な～の

20答法	98

日本的経営	51
ネオラッダイト	54
年功序列	51
年次有給休暇	28

は～ほ

パーソナルスペース	70
パートタイマー	27
バブル経済（の）崩壊	11,46
非言語的コミュニケーション	93,120
非正規社員	27
PDCAサイクル	113
HIDDEN 隠された窓	79
人柄	63,121
ひのえうま	48
福祉元年	48
BLIND 気づかない窓	79
ブレインストーミング	36
法定労働時間	21
ホウレンソウ（報告・連絡・相談）	69
POP（ポップ）	97

ま～も

マインドマップ	77
マーケット・イン型	97
マーケット・イン型プラスα	97
Must	116
マナー	63
まなびほぐし	57
マネープラン	110
未来予想図	110
メラビアンの法則	95
面接	73,76,77
モデリング	104

や～よ

Youコミュニケーション	71
弱いAI	52

ら～ろ

ライフプラン	110
ラッダイト運動	54
理想の人	107
リーマン・ショック	46
履歴書	73,87
労働基準法	21

● Warm-Up と Work 一覧

第1章
Warm-Up01 ア行（母音）トーク 9

第2章
Warm-Up02 ビッグマックの値段を当てよう 15
Work●02-1 1ヶ月の支出はいくら？ 15
Work●02-2 1ヶ月に使うお金を確認してみよう 16 ………………… ワークシート02 ▶131
Work●02-3 自分にかかる4年間のお金を知ろう 17
Work●02-4 あなたの収入は？ 18
Work●02-5 アルバイトで生活してみる 20
Work●02-6 あなたへの投資額 21

第3章
Warm-Up03 宝くじよりスゴイ！ 幸運のチケット 25
Work●03-1 人生で買いたいものにはいくらかかる？ 25
Work●03-2 これは何のお金？ 26 ………………… ワークシート03 ▶133
Work●03-3 正社員と非正社員 28
Work●03-4 あなたが望む人生に必要なお金はいくら？ 32

第4章
Warm-Up04 この仕事、どんな仕事か知ってる？ 35
Work●04-1 コンビニ弁当を分解・分析してみよう 35
Work●04-2 アイテムと人との関わりを考えてみよう 36
Work●04-3 共通性を考えよう① 関わりのある職種を見つけ出そう 40
Work●04-4 共通性を考えよう② 関わりのある業種を見つけ出そう 42

第5章
Warm-Up05 社会の出来事を当ててみよう 45
Work●05-1 時代の流れを描こう 50 ………………… ワークシート05 ▶137

第6章
Warm-Up06 4コマ・ストーリー 53
Work●06-1 AIにとってかわられる仕事は？ 53 ………………… ワークシート06 ▶139

第7章
Warm-Up07 ビンゴで当てよう 59
Work●07-1 自分の能力を評価してみよう 64 ………………… ワークシート07 ▶141

第8章
Warm-Up08-1 バースデーライン 66
Warm-Up08-2 人間知恵の輪 66
Work●08-1 耳からの情報だけで折ってみよう 67
Work●08-2 ちゃんと聴いてるの？ 68 ………………… ワークシート08 ▶143

第 9 章

Warm-Up09　すごろくで自己紹介　74 ・・・・・・・・・・・・・・・・・・・・・・・・・・・・・・・・・・・ ワークシート09 ▶ 145
Work●09-1　見た目で判断　75
Work●09-2　筆箱の中身はどうなっている？　76
Work●09-3　見えないところも分析しよう　78

第 10 章

Warm-Up10　この商品はいったい何だろう？　82
Work●10-1　もし私が○○だったら？　83 ・・・・・・・・・・・・・・・・・・・・・・・・ ワークシート10-1 ▶ 147
Work●10-2　マイナスをプラスで表現しよう　84
Work●10-3　自己 PR を書いてみよう　85 ・・・・・・・・・・・・・・・・・・・・・・・ ワークシート10-2 ▶ 147

第 11 章

Warm-Up11　1 分ってどのくらいの時間？　88
Work●11-1　あなたを表すキーワード　88
Work●11-2　自己 PR のネタ集め　89 ・・・・・・・・・・・・・・・・・・・・・・・・・・ ワークシート11-1 ▶ 149
Work●11-3　自己 PR のネタを整理しよう　89 ・・・・・・・・・・・・・・・・ ワークシート11-2 ▶ 149
Work●11-4　誤字脱字はありませんか？　90
Work●11-5　覚えて話そう 30 秒の自己 PR　91
Work●11-6　はずかしがらずに聞いてもらおう　91
Work●11-7　私が見た人、手をさげて！　92

第 12 章

Warm-Up12　POP ってどんなもの？　98
Work●12-1　自分自身を売り込むポイントを見つけよう　98
Work●12-2　あなたの POP を作ろう　100 ・・・・・・・・・・・・・・・・・・・・・・・・ ワークシート12 ▶ 151

第 13 章

Warm-Up13　SNS でつながろう　105
Work●13-1　あこがれの人をさがそう　105 ・・・・・・・・・・・・・・・・・・・ ワークシート13-1 ▶ 153
Work●13-2　あこがれの人を分析しよう　106 ・・・・・・・・・・・・・・・ ワークシート13-2 ▶ 153

第 14 章

Warm-Up14　あなたの 1 日を話そう　111
Work●14-1　20 年ごとのあなたのゴール　111 ・・・・・・・・・・・・・・ ワークシート14-1 ▶ 155
Work●14-2　60 歳の自分への手紙　112 ・・・・・・・・・・・・・・・・・・・・・ ワークシート14-2 ▶ 155
Work●14-3　To Do リストを作ってみよう　116
Work●14-4　24 時間時計で「自分の今」を確認しよう　117

第 15 章

Warm-Up15　キーワード・ビンゴ　120
Work●15-1　自分の学びをふりかえる　123 ・・・・・・・・・・・・・・・・・・ ワークシート15 ▶ 157
Work●15-2　未来に向けた自分の目標　124

●『キャリアデザイン』ワークシート 01

第1章

学籍番号		氏名	

評価		備考	

●『キャリアデザイン』ワークシート 02

第 2 章

学籍番号		氏名	

支出項目		金額（円）	参考支出額	負担者	
				自分	親
住居（家賃と駐車場代）			52,820 円		
光熱・水道費	電気代		3,512 円		
	水道代		1,515 円		
	ガス代		2,140 円		
通信・交通費	スマホなど		5,707 円		
	ネット通信費		2,255 円		
	通学費		5,375 円		
食費			23,716 円		
家具・家事用品					
被服・履物費					
医療・保険費			3,225 円		
修学費（授業料除く）			3,850 円		
課外活動費			3,391 円		
娯楽・嗜好品			13,075 円		
美容費					
その他の日常費			13,366 円		
就職活動費					
合計（A）			185,083 円		

注）参考支出額は学生の一人暮らしに必要なおおよその金額。
出典：独立行政法人日本学生支援機構『平成 30 年度学生生活調査結果』「居住形態別・収入平均額及び学生生活費の内訳（大学昼間部）」
　　　データを 12 等分にして算出。
　　　住居費）株式会社エイブル「大学生の生活費の目安と内訳」より。
　　　通信費）統計局「家計消費状況調査」令和元年度より。
　　　光熱・水道費）統計局「家計調査」2019 年（令和元年）平均、34 歳以下単身世帯より。

評価		備考	

●『キャリアデザイン』ワークシート03　　　　　　　　　　　第3章

学籍番号		氏名	

Q1：21万0200円：16万7400円／月

> （　　　　　　　　　）と（　　　　　　　　　　　）の初任給の平均金額

Q2：3年で5割：3割（12ページを復習しよう）

> 就職後3年間の（　　　　　　　）（　　　　　対　　　　　　）

Q3：3億2810万円と5589万円（何の金額の比較？　対象は何と何？）

Q4：2億2070万円と3785万円（誰がどのような選択をした時の何の金額の比較？）

Q5：855万円と2232万円（何の金額の比較？　対象は何と何？）

Q6：22.1万円／月／世帯（どのような世帯につき月々必要な何の金額？）

◆キーワード◆

大卒	高卒	男性	女性	初任給	生涯賃金	金額	独身	夫婦二人
四人家族	子育て世代	老後	最低限	標準	ゆとりある	離職率	内定率	
平均	比較	差	正社員	非正規社員	フリーター	パート	大学	高校
幼稚園	全て	第一子出産後退職	育休2回取得	子が3歳まで時短勤務				
教育費	生活費	国公立	私立（文系）	私立（理系）				

（2020年11月現在）

評価		備考	

●『キャリアデザイン』ワークシート 04

学籍番号		氏名	

評価		備考	

●『キャリアデザイン』ワークシート 05　　　　　　　　　　　　　第 5 章

学籍番号		氏名	

グラフは、経済成長率を簡単な曲線であらわしたものです。

①重要な社会的出来事を書き入れましょう。
　（第一次・第二次オイルショック、福祉元年、バブル経済崩壊、リーマン・ショックなど）

②少子化と高齢化について、重要な年代を書き入れましょう。
　（「ひのえうま」の年、高齢化率が 7%、14% になった年、「少子化元年」「1.57 ショック」など）

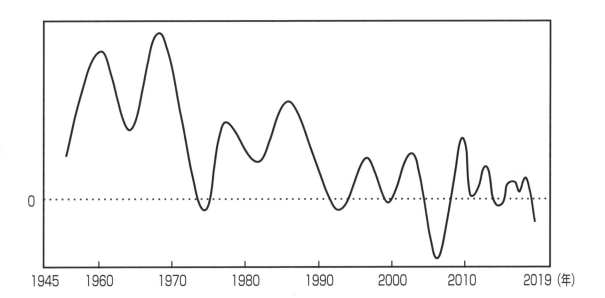

評価		備考	

●『キャリアデザイン』ワークシート 06   第6章

学籍番号		氏名	

野村総合研究所とオズボーンらの共同研究は、AIにとってかわられるリスクが最も高い職業群と最も低い職業群を予想しています。以下の職業がどちらに属するか考えて、記号で記入してください。

Ⓐ 電車運転士	Ⓑ 精神科医	Ⓒ 作業療法士
Ⓓ 検針員	Ⓔ こん包工	Ⓕ レジ係
Ⓖ 一般事務員	Ⓗ 積卸作業員	Ⓘ 小児科医
Ⓙ 製本作業員	Ⓚ はり師・きゅう師	Ⓛ 外科医
Ⓜ メイクアップアーティスト	Ⓝ 盲・ろう・養護学校教員	Ⓞ 言語聴覚士
Ⓟ 国際協力専門家	Ⓠ 経理事務員	Ⓡ 包装作業員
Ⓢ 路線バス運転者	Ⓣ 産業カウンセラー	

AIにとってかわられる**リスクが高い**職業群	AIにとってかわられる**リスクが低い**職業群

AIにとってかわられるリスクが低い職業群の共通点は何か考えてみましょう。

評価		備考	

●『キャリアデザイン』ワークシート 07　　　　　　第7章

学籍番号		氏名	

3つの能力／12の能力要素	自己評価
前に踏み出す力（アクション）	－◀······················▶＋
○主体性（物事に進んで取り組む力）	1　2　3　4　5
○働きかけ力（他人に働きかけ巻き込む力）	1　2　3　4　5
○実行力（目的を設定し確実に行動する力）	1　2　3　4　5
考え抜く力（シンキング）	－◀······················▶＋
○課題発見力（現状を分析し目的や課題を明らかにする力）	1　2　3　4　5
○計画力（課題の解決に向けたプロセスを明らかにし準備する力）	1　2　3　4　5
○創造力（新しい価値を生み出す力）	1　2　3　4　5
チームワークで働く力（チームワーク）	－◀······················▶＋
○発信力（自分の意見をわかりやすく伝える力）	1　2　3　4　5
○傾聴力（相手の意見を丁寧に聴く力）	1　2　3　4　5
○柔軟性（意見の違いや立場の違いを理解する力）	1　2　3　4　5
○情況把握力（自分と周囲の人々や物事との関係性を理解する力）	1　2　3　4　5
○規律性（社会のルールや人との約束を守る力）	1　2　3　4　5
○ストレスコントロール力（ストレスの発生源に対応する力）	1　2　3　4　5

評価		備考	

●『キャリアデザイン』ワークシート08　　　　　　　　第8章

学籍番号		氏名	

A さんの振り返りシート
話をしている間、Bさんがしていたことで「気になったこと」を書きだしましょう。

_____
_____
_____
_____
_____
_____
_____
_____

B さんの振り返りシート
今、あなたが指示されたことのなかで、あなたが話をしているときに無意識にしていると思ったことは何ですか？

_____
_____
_____
_____
_____
_____
_____
_____

- どんなことをされましたか？どんな気持ちになりましたか？
- 自分の無意識の「ながら聞き」に気がつきましたか？

評価		備考	

●『キャリアデザイン』ワークシート 09

第 9 章

学籍番号		氏名	

私の右隣の人の名前は _____ です。

あなたが幸せな時は？
あなたの理想の恋人は？
あなたの好きな映画は？
あなたが思う「親友」の定義は？
あなたの趣味は？
あなたの特技は？
あなたの家族は？
あなたが、今、夢中になっていることは？
もしあなたが宝くじで 1 億円当たったら？
あなたの好きな音楽は？
あなたの将来の夢は？
自由質問（あなたの訊きたいことを訊いてみよう）

評価		備考	

●『キャリアデザイン』ワークシート 10

学籍番号		氏名	

ワークシート 10-1

わたしは（　　　　　　　　　　　）の

● ＿＿＿＿＿＿＿＿＿＿＿　のように　＿＿＿＿＿＿＿＿＿＿＿＿＿＿＿＿＿。

● ＿＿＿＿＿＿＿＿＿＿＿　のように　＿＿＿＿＿＿＿＿＿＿＿＿＿＿＿＿＿。

● ＿＿＿＿＿＿＿＿＿＿＿　のように　＿＿＿＿＿＿＿＿＿＿＿＿＿＿＿＿＿。

● ＿＿＿＿＿＿＿＿＿＿＿　のように　＿＿＿＿＿＿＿＿＿＿＿＿＿＿＿＿＿。

● ＿＿＿＿＿＿＿＿＿＿＿　のように　＿＿＿＿＿＿＿＿＿＿＿＿＿＿＿＿＿。

● ＿＿＿＿＿＿＿＿＿＿＿　のように　＿＿＿＿＿＿＿＿＿＿＿＿＿＿＿＿＿。

ワークシート 10-2

選んだ企業
あなたが選んだ企業が求める人材のキーワード
自己 PR

評価		備考	

●『キャリアデザイン』ワークシート11　　　　　　第11章

学籍番号		氏名	

ワークシート11-1

	PRポイント	エピソード1	エピソード2	エピソード3
1				
2				
3				

ワークシート11-2

WHEN いつしたのか？	
WHAT 何をしたのか？	
WHY どうしてしたのか？	
HOW どのようにしたのか？	
FEEL どのように感じたのか？	

自己PRを文章にしてみよう！（250文字以内におさめましょう）

50
100
150
200
250

評価		備考	

●『キャリアデザイン』ワークシート12

第 12 章

学籍番号		氏名	

POP に入れ込むあなたの情報カード

①いちばん注目してほしいポイント

②ペアのコメント

③おすすめの理由（5W1H）

④辛口要素

⑤ターゲット

⑥キャッチコピー（24 字以内）

⑦説明文（②〜④を参考に）

情報カードを参考に POP を書いてみましょう

評価		備考	

●『キャリアデザイン』ワークシート 13

第 13 章

学籍番号		氏名	

ワークシート 13-1

項　　目	内　　容
あこがれの人・理想の人の名前	
生年月日・性別・出身地・血液型	
職　　業	
生い立ちや生き方	
現在の活動について	
印象的な言葉	
この人物を選んだ理由	
この人物の魅力	

ワークシート 13-2

項　　目	内　　容
大きな影響をあたえた人物	
大きな影響をあたえた出来事	
困難や失敗	
困難や失敗の克服	
あなたが学んだこと	

評価		備考	

●『キャリアデザイン』ワークシート 14　　　　　第 14 章

学籍番号		氏名	

ワークシート 14-1

年　齢	働　く	住　む	買　う	関わる
80 歳　老後				
60 歳　定年				
40 歳　仕事・家庭				
20 歳　成人（学生）				

ワークシート 14-2

60 歳の自分へ

_____
_____
_____
_____
_____
_____
_____
_____

氏 名 _____

20_____年_____月_____日

評価		備考	

●『キャリアデザイン』ワークシート15　　　　　　　　　第15章

学籍番号		氏名	

学びの項目	自己評価
自分を知る	−◀……………▶＋
○自分の強みやセールスポイントを発見することができた。	1　2　3　4　5
○自己PR文をうまく書くことができた。	1　2　3　4　5
○自分のライフプランをうまく作ることができた。	1　2　3　4　5
他人を知る	−◀……………▶＋
○他人の意見によく耳を傾けることができた。	1　2　3　4　5
○他人の意見から学ぶことができた。	1　2　3　4　5
○グループワーク等に積極的に参加することができた。	1　2　3　4　5
社会を知る	−◀……………▶＋
○業種と職種の違いや多様な職業があることが理解できた。	1　2　3　4　5
○あこがれの人や理想の人の生き方から学ぶことができた。	1　2　3　4　5
○生活に必要なお金や生涯賃金などに対する理解が深まった。	1　2　3　4　5
○私たちを取り巻く社会の状況についての理解が深まった。	1　2　3　4　5
○社会が求める人材についての理解が深まった。	1　2　3　4　5
総合的な学び	−◀……………▶＋
○キャリアデザイン全体にたいする理解が深まった。	1　2　3　4　5

評価		備考	

著者 ● 岩井　洋（いわい　ひろし）　　　　1・5・6・7・13・15章執筆
帝塚山大学　全学教育開発センター　教授
専門分野：社会学、宗教学
研究テーマ：教育デザイン論、経営人類学、宗教経営学、
　　　　　　記憶と想起の社会学

奥村　玲香（おくむら　れいか）　　　8・10・11・14章執筆
帝塚山大学　全学教育開発センター　准教授
専門分野：英語教授法、TESOL
研究テーマ：英語教育法、カリキュラムデザイン、学習支援、
　　　　　　リメディアル教育

元根　朋美（もとね　ともみ）　　　　2・3・4・9・12章執筆
帝塚山大学　全学教育開発センター　准教授
専門分野：教育学、生涯学習
研究テーマ：高等教育論、キャリア教育、自校教育、
　　　　　　大学における教養教育と職業教育

シリーズ監修者 ● 渡辺利夫（わたなべ　としお）
1939 年生まれ。拓殖大学学事顧問、東京工業大学名誉教授、経済学博士。

プレステップキャリアデザイン〈第5版〉

2012（平成24）年 4 月15日　初　版 1 刷発行
2014（平成26）年 4 月15日　第 2 版 1 刷発行
2016（平成28）年 1 月15日　第 3 版 1 刷発行
2017（平成29）年 9 月30日　第 4 版 1 刷発行
2021（令和 3 ）年 3 月30日　第 5 版 1 刷発行
2023（令和 5 ）年 9 月15日　　同　 2 刷発行

著　者　岩井　洋・奥村玲香・元根朋美

発行者　鯉渕　友南

発行所　株式会社　弘文堂　　101 - 0062　東京都千代田区神田駿河台 1 の 7
　　　　　　　　　　　　　　TEL 03（3294）4801　　振替 00120 - 6 - 53909
　　　　　　　　　　　　　　https://www.koubundou.co.jp

デザイン・イラスト　高嶋良枝
印　刷　三報社印刷
製　本　三報社印刷

ISBN978-4-335-00154-3